El baby-clash

Bernard Geberowicz
Colette Barroux

EL BABY-CLASH

La pareja a prueba del niño

A pesar de haber puesto el máximo cuidado en la redacción de esta obra, el autor o el editor no pueden en modo alguno responsabilizarse por las informaciones (fórmulas, recetas, técnicas, etc.) vertidas en el texto. Se aconseja, en el caso de problemas específicos —a menudo únicos— de cada lector en particular, que se consulte con una persona cualificada para obtener las informaciones más completas, más exactas y lo más actualizadas posible. EDITORIAL DE VECCHI, S. A. U.

© De Vecchi Ediciones 2021
© [2021] Confidential Concepts International Ltd., Ireland
Subsidiary company of Confidential Concepts Inc, USA
ISBN: 978-1-63919-121-5

El Código Penal vigente dispone: «Será castigado con la pena de prisión de seis meses a dos años o de multa de seis a veinticuatro meses quien, con ánimo de lucro y en perjuicio de tercero, reproduzca, plagie, distribuya o comunique públicamente, en todo o en parte, una obra literaria, artística o científica, o su transformación, interpretación o ejecución artística fijada en cualquier tipo de soporte o comunicada a través de cualquier medio, sin la autorización de los titulares de los correspondientes derechos de propiedad intelectual o de sus cesionarios. La misma pena se impondrá a quien intencionadamente importe, exporte o almacene ejemplares de dichas obras o producciones o ejecuciones sin la referida autorización». (Artículo 270)

*A mi padre,
a Juliette y Hélène,
a Didier, por animarme
e ilustrarme sin «conflictos»
durante la gestación de este «bebé».
C. B.*

*A Brigitte,
por su paciencia y abnegación;
a Sarah y Ulysse, por «estar ahí».
B. G.*

Índice

Prológo 13

Introducción 17

I. FRENTE AL DESEO DEL HIJO

1. Historias diversas 29
Modelos a veces contradictorios 29
Sobre los diversos modos de describir las formas
de estar en pareja 33
   El punto de vista del sociólogo 33
   El punto de vista del psicoanalista 39
   El punto de vista del terapeuta de pareja 40
Historias de parejas... 43
   Parejas que consideran que el matrimonio es un
   compromiso con una dimensión espiritual 45
   La pareja ante los ojos de los demás 47
   Cada uno se monta su película 49
   En la actualidad, ¿cuándo se reconoce que dos
   personas forman una pareja? 51

2. El deseo del hijo y la espera 54
El deseo de la mujer 56
Palabras de hombres 57

Del deseo del hombre y la mujer al deseo
de la pareja 60
   Conciliar ambos deseos 62
   ¿Y un segundo? 65
   Bloqueos y rechazos 69

3. EL EMBARAZO 72
No es ninguna enfermedad 72
Ambivalencias, angustias, anticipaciones,
supersticiones 77
Las fronteras de la intimidad 80
La sexualidad durante el embarazo 82
Un tiempo para hacerse preguntas:
los miedos de cada uno 86
El hombre durante el embarazo 93
¿Una nueva relación? 98
Del dúo al trío 101
   Un momento intenso: la ecografía 103
   La haptonomía, una forma de compartir 106
Modificaciones 106
   La nueva relación con el entorno 107
   Organización/reorganización 108

4. CUANDO LAS COSAS NO SALEN
SEGÚN LO PREVISTO 112
El embarazo tras el duelo de un hijo 112
El embarazo no deseado 113
¡Reposo! 114
Un embarazo que se interrumpe
demasiado pronto 115
Muere *in utero* 116
El nacimiento prematuro 118
¿Y si son dos? 125

II. LA NUEVA FAMILIA

5. El PARTO 129
El momento adecuado y el control de la angustia 130
El dolor del parto 131
¿Qué lugar ocupa el padre? 132
Lo que está en juego en la habitación del hospital 133
¿Cómo saber si lo que se siente es «normal»? 135
La llegada del bebé 138

6. El REGRESO A CASA 141
¿A quién «pertenece» este bebé? 143
Anunciar el acontecimiento 145
La tristeza puerperal 146
Cuando la depresión se instala 148
La depresión de los padres y sus efectos
sobre la pareja 149
Cuando la depresión aparece en nuestros
seres cercanos 151
Las primeras semanas del bebé 152
    Respecto a la lactancia 153
    De improviso 154
    Mi infierno está lleno de buenas intenciones 155
La economía de la flexibilidad 159
El sentimiento de responsabilidad 160
La ética relacional 161

7. La CONSTRUCCIÓN DEL PADRE 166
La evolución de los modelos 167
Las diferentes funciones (clásicas) del padre 170
    El padre como modelo de identificación 171
    El padre, agente de socialización 171
    El padre como tutor en los aprendizajes 172
¿Cómo definir, entre dos, un modelo ideal? 172

Ser o nacer padre: ¿existe un instinto paternal? 173
¿En qué momento se convierte un hombre
en padre? 174
¿El discurso de la ciencia ha acabado con
la autoridad del padre? 177

8. Recomposición y adopción 179
Familias recompuestas 179
 El lugar del mayor 180
 Experiencias a veces difíciles 181
 Cuando el nacimiento de un nuevo hijo hace
 desaparecer a la primera «camada». 184
La llegada del hijo adoptado 185

III. VIVIR CON ÉL

9. La reorganización del día a día 191
La pareja parental, la conyugal y los malabaristas 191
El paso de «dos» a «tres» no es tan sencillo 194
 La impresión de no estar nunca ahí cuando
 es necesario 194
 La angustia de quedarse a solas con el niño. 197
 De una relación fusional a otra 201
 Anclas, frenos, desigualdades 202
 La impresión de haber sido estafado 204
Solidaridad parental 206
 ¿Disputa o crisis conyugal? 206
 Podérselo decir... 209
 Saber pedir ayuda 211
 No invadir el terreno de la parentalidad 212
 ¿Hasta qué punto se pueden compartir las angustias
 con el otro? 214
Cuarenta y ocho horas en la vida de una mujer 215
El odio a los domingos 217

10. Variaciones sobre el tema del deseo 219
La espiral descendente del deseo 219
   Cómo ser madre y mujer al mismo tiempo 219
   Respecto a los hombres 223
   Un problema que hay que resolver entre dos 225
   Espacios, fronteras y territorios 226
Malestar en la sexualidad 228
La adicción al vínculo 229

11. Fundar una familia 231
El nacimiento es un acto irrevocable e irreversible . . . 231
Entre la sumisión y la rebeldía 233
La mirada de los amigos sobre la pareja 237
Alimentar la relación 239
El papá y la mamá de… 241
Crisis con las familias 243

Epílogo 247

Conclusión 253

Prólogo

Cuando nació nuestro primer hijo, fue como si nos arrollara un autobús, —dice una madre...
 Todo cambia —añade otra—. De pronto, un pequeño ser capta toda nuestra atención, nuestro amor, nuestras emociones y nuestros miedos. Un ser al que ni siquiera conocemos, puesto que acaba de nacer.

«Cuando nace un niño, el círculo familiar aplaude alborozado[1]», declama el poeta. Es cierto, pero también lo es que la pareja se convierte en un trío, que cada uno de los padres cambia y que la relación que les une se reordena. Este reajuste puede ser espontáneo, pero es posible que las tensiones, los choques, las disputas y las discordias den paso a resentimientos y rencores. Algunas parejas no logran recuperarse de este periodo, que consideraban que sería la apoteosis de su unión. Pocas veces se habla públicamente de estos desengaños, salvo en ciertas películas recientes. Por ejemplo, en *Lost in Translation*, de Sofía Coppola, dos personajes se encuentran en Tokio. Él tiene cincuenta y tantos años y arrastra, desde hace veinticinco, un matrimonio fallido; ella, veinteañera, inició hace dos un matrimonio que no augura nada bueno.

---
1. Víctor Hugo, *Les Feuilles d'automne* (1831), Flammarion, 2002.

—Y la vida... ¿eso tiene arreglo? —pregunta ella.
— Sí... —responde él, entre murmullos.
—Y el matrimonio... ¿también tiene arreglo?
— ¡No! El día más aterrador de tu vida es el día que nace tu primer hijo. Tu vida, la que conoces, se acaba y nunca volverá.
— Nadie te dice eso nunca.

Todo el mundo sabe que una pareja de cada tres o incluso una de cada dos, en los grandes núcleos urbanos, acaba separándose o divorciándose. Lo que no todo el mundo sabe (o finge no saber) es que, en la actualidad, dichas rupturas suelen afectar a las parejas jóvenes. Cada vez son más las que se separan cuando sus hijos son todavía pequeños (por lo general, cuatro años después del nacimiento del primer hijo o tras la llegada del segundo). Por lo tanto, estas parejas tienen la impresión de haber estallado en pleno vuelo.

Las causas de este bien denominado «fracaso» son diversas, pero muchas de ellas emergen durante las etapas precedentes, como el compromiso, el embarazo, la llegada del bebé y el aprendizaje de la parentalidad. Ambos miembros de la pareja experimentan una serie de cambios internos (en función de su historia personal y familiar) y afectivos (con su familia de origen, su círculo de amistades y su entorno social y profesional). En la relación de pareja las prioridades cambian, el equilibrio se modifica y las fronteras de la intimidad (ya sea personal, conyugal o familiar) se redefinen. Las imágenes y los modelos se imponen con tanta fuerza que a los cónyuges les resulta difícil expresar sus dificultades, pues no es fácil reconocer (a uno mismo, a la pareja, a la familia o a los amigos) que el nacimiento del bebé que tanto se deseaba, y que, por cierto, es adorable, ha sumido a la pareja en la confusión, la frustración e incluso el tormento.

Hemos constatado que a los cónyuges les avergüenza la idea de expresar las dificultades que experimentan durante esta etapa que se suponía que tenía que ser tan dichosa. Y, también, que les proporciona cierto alivio constatar que prácticamente todas las parejas tienen que enfrentarse a unos reajustes con frecuencia difíciles. Por lo tanto, la intención de este libro es advertirles de dichas dificultades, pues «una pareja prevenida vale por dos».

Muchas parejas jóvenes desean tener un hijo para sellar su unión, para construir una familia o para completar su desarrollo personal. Sin embargo, temen las consecuencias de su nueva situación, como las tensiones, la irreversibilidad de su compromiso, el miedo a repetir las discordias parentales o la limitación de su autonomía.

Esta es la razón por la que hemos decidido desentrañar los primeros sobresaltos que experimenta la pareja, antes de que se conviertan en un seísmo que sacuda con fuerza los cimientos de la nueva familia. Todo arquitecto japonés sabe que los edificios más flexibles son también los más resistentes.

Introducción

«Y tuvieron muchos hijos y fueron muy felices», concluían muchos de los cuentos infantiles de antaño. Tener hijos representaba la culminación y, por lo tanto, la consagración del matrimonio. Los hijos eran la prueba evidente de que la pareja permanecería unida. La fecundidad garantizaba la longevidad del matrimonio y la esterilidad podía significar su condena. En la sociedad patriarcal, el objetivo del matrimonio era asegurar la descendencia. Una familia estaba compuesta por un padre, una madre y los hijos, y la función de cada uno de ellos estaba bien definida en el interior de una serie de círculos concéntricos. Ya fuera por amor o, con más frecuencia, por conveniencia o interés, el matrimonio respondía a un propósito social o religioso, pues aseguraba la supervivencia de la especie y garantizaba que a la nación no le faltarían «brazos» en el futuro.

¿Cómo es posible que hayamos desarrollado la idea iconoclasta de un «baby-clash», de una crisis conyugal debida al nacimiento de un bebé? ¿Cómo es posible que la pareja, que antaño era reforzada por la llegada de un descendiente, ahora sea tan vulnerable? ¿Es posible que nos encontremos a años luz de los sistemas que imperaban en el pasado?

La historia de la familia de Noemí resulta bastante emblemática. Nacida durante la segunda mitad del siglo XIX, contrajo matrimonio a los dieciocho años y dio a luz a todos los hijos que le engendró su marido: ¡diecisiete en veinte años! Crió sin rechistar a la docena que el destino dejó con vida mientras Leonardo, su marido, ganaba el pan para toda la familia. Él nunca se ocupó del cuidado de sus hijos, pues eso era trabajo de mujeres. La pareja sobrevivió —«feliz, infeliz, feliz», como cantaba Brassens— hasta la muerte de Leonardo y su viuda siempre le fue fiel. Un siglo más tarde, pocos de sus nietos han optado por casarse, y los que lo han hecho no desean tener más de dos hijos. Uno de ellos, Marcos, se ocupó de dar biberones, cambiar pañales y acunar a su primer hijo mientras su mujer estudiaba medicina; sin embargo, la llegada de su segundo retoño no impidió que decidieran separarse tras cinco años de matrimonio.

La historia banal de las personas corrientes. Antaño, el niño cimentaba el matrimonio y las contingencias de la vida conyugal formaban parte del contrato. En caso de desacuerdo o de infidelidad, ninguno de los cónyuges se lamentaba demasiado porque consideraban que «se habían casado para lo bueno y para lo malo». No había lugar ni tiempo para expresar las emociones y mucho menos para rupturas que tanto el orden social como las limitaciones económicas impedían.

El progreso de la sanidad y la medicina, la mecanización del trabajo, los avances tecnológicos (transportes, comunicaciones, electrodomésticos), la democratización de la educación y la cultura, la regresión de las guerras (según su forma tradicional) y unas leyes sociales que mejoran las condiciones laborales han conseguido alargar tanto la esperanza de vida (82,3 años para las mujeres y 74,6 para los hombres) que, en la actualidad, las parejas bien pueden plantearse cincuenta o sesenta años de vida en común.

Desde los años setenta, la vida de los hombres y las mujeres ha estado marcada por diversas «revoluciones», algunas de ellas relacionadas con el vigor del movimiento feminista. En España, por ejemplo, los anticonceptivos estuvieron prohibidos hasta el 7 de octubre de 1978; ese día se firmó el Real Decreto 2275/78, que modificaba los artículos del Código Penal en los que se establecía que vender, prescribir, divulgar u ofrecer cualquier cosa destinada a evitar la procreación era delito. A partir de entonces, el embarazo dejó de ser obligatorio, y se permitió a la mujer decidir cuándo y con quién concebir un hijo. Esta inmensa libertad, que muchos hombres percibieron como una desposesión, estuvo acompañada por un avance en los métodos de fecundación médica asistida y por la despenalización del aborto (noviembre de 1985, fecha en la que fue despenalizado en tres supuestos).

Todos estos cambios han provocado que, en ocasiones, el hombre tenga la impresión de ser prescindible para la supervivencia de la especie.

La situación se ha invertido y, ahora, aunque la naturaleza permite que los hombres sean padres a una edad avanzada, para hacerlo deben esperar al consentimiento de una mujer y a que esta deje atrás su «no deseo de tener hijos», según expresa la psicoanalista Monique Bydlowski.[2]

¿Cuáles son las consecuencias de un cambio tan espectacular? Liberadas de la maternidad reiterada y de ciertas tareas domésticas, las mujeres han podido recibir una mejor formación que a principios del siglo pasado y han invadido de forma masiva el mercado laboral (hoy en día, el 59,8 % de las mujeres españolas trabajan; esta tasa de actividad laboral se encuentra por debajo de las europeas, aunque ha mejorado en los últimos años).

Esto significa que, en el seno de la pareja, la relación económica ha cambiado. Del mismo modo que los niños ya no

---
2. Monique Bydlowski, *Je rêve un enfant*, Odile Jacob, 2000.

se consideran trabajadores en potencia, el esquema que concedía al hombre el papel de «portador del pan» y a la mujer, el de «guardiana del hogar», también ha quedado obsoleto. En la actualidad, la pareja tiene un presupuesto que debatir, unos gastos que compartir, unas prioridades que definir y dos economías que respetar. Además, la independencia financiera permite abrir de par en par las puertas de la casa-pareja en caso de insatisfacción.

En el pasado, todas las familias se fundaban sobre una jerarquía y una autoridad verticales, pero, en la actualidad, la familia se ha convertido en una unidad democrática e igualitaria, al menos en sus principios. Las leyes se han hecho eco de estos cambios y, por ejemplo, el Código Civil ha sustituido la autoridad del padre por la autoridad del padre y de la madre.

El divorcio se ha convertido en una forma habitual de solucionar las desavenencias conyugales. Desde que la ley de 7 julio de 1981 introdujo el divorcio por consentimiento mutuo, estos se han ido incrementando de forma paulatina. Hasta mediados de los años noventa, la tasa se mantuvo relativamente baja (9 de cada 100 matrimonios) pero desde entonces se ha disparado de tal forma que, en la actualidad, de cada 1,5 matrimonios, uno se rompe. Cuando se aprobó la ley, como no era necesario que la demanda fuera conjunta, solía ser la mujer quien tomaba la decisión de separarse, sobre todo porque tenía la certeza de que no le quitarían a los hijos (la guarda y custodia era concedida a la mujer en el 93 % de los casos si el niño era menor de cinco años y en el 87 % de los casos si era mayor). Ya fuera por desconocimiento de la ley, por resignación, por desesperación, por falta de combatividad o por egoísmo, los padres solían quedar excluidos de la educación diaria de sus hijos y relegados al papel de distribuidores mensuales de la pensión alimenticia y animadores de los niños dos fines de semana al mes... a no ser que optaran por desaparecer de forma progresiva. Los ex cónyuges fueron arrastrados por la misma ola que se había llevado a la pareja parental después de haber engullido a la pareja conyugal y muchas separaciones falsamente consensuadas dieron pie a rencores y resentimientos que degeneraron en contenciosos posteriores al divorcio que nadie había anticipado. En los años noventa, diferentes grupos de padres dejaron oír sus voces para que les fuera reconocido su derecho a seguir formando parte de la educación de sus hijos y lograron que la legislación fuera consciente de lo importante que era para el niño conservar los vínculos paternales y maternales. Entonces se estableció el principio de la autoridad parental conjunta o «coparentalidad», que resultó ciertamente paradójico debido a que implicaba a dos personas que estaban en conflicto y al borde de la separación. El anteproyecto de Ley Orgánica de 19 de mayo de 2004, para la igualdad efectiva de mujeres y hombres, estableció el derecho del menor al cuidado y educación habitual de ambos progenitores y el equilibrado reparto de derechos y deberes de cada uno de ellos, como un derecho fundamental e irrenunciable de los menores afectados por la separación de sus padres. La legislación insistía en que la pareja parental debía mantenerse tras la disolución de la pareja conyugal, tanto para confirmar que el divorcio fuera una forma de escapar de los conflictos como para proteger los derechos del niño tras la separación de sus padres. Un niño no nace de la nada, sino del deseo, el amor o el encuentro entre un hombre y una mujer, los cuales, durante el resto de sus vidas, deben compartir el cuidado de sus descendientes comunes.

Es evidente que el entorno social ejerce tracciones opuestas sobre la pareja. Las fuerzas centrífugas alimentadas por la ideología individualista la empujan hacia las fuerzas centrípetas que en el pasado mantenían unidos a los cónyuges durante toda la vida. Mientras la institución del matrimonio estuvo sostenida por ideales (religiosos o laicos), mientras los valores humanistas impregnaron los discursos de los filósofos y mientras las obligaciones predominaron sobre los derechos, fueron la familia y la escuela quienes dispensaron una educación convergente dirigida a la construcción de un ser social. El niño no era educado para satisfacer el narcisismo de sus padres, sino para adaptarse a la sociedad y servirla. Se le inculcaba el valor del trabajo y el sentido del esfuerzo. Además, el futuro adulto debía obedecer a sus padres y a sus profesores para convertirse en un buen ciudadano. Los sindicatos y los partidos políticos, las iglesias o las asociaciones le hablaban de «esos otros» a quienes debía sacrificar su tiempo y su energía y también de ese mundo mejor que cada uno estaba llamado a construir. ¿No se suponía que el futuro tenía que ser radiante?

Las dos guerras mundiales, el naufragio de las ideologías colectivistas, la pérdida de influencia del cristianismo y las libertades conseguidas a partir de la Revolución de Mayo del 68 situaron al individuo en el primer plano de la escena. Sin Dios, sin profesor y sin complejos, el levantamiento de barricadas dijo «no» a la autoridad, «no» al consumo desenfrenado y «sí» al placer. Oímos a toda una generación gritar su «yo primero» con la insolencia de un niño malcriado ante el que se abría un camino de rosas gracias a los combates de sus padres y a la prosperidad económica de los «felices treinta». Los hijos de H. Marcuse, W. Reich, G. Debord o R. Vaneigem descubrieron las virtudes de la paz, el placer sin límites, el sexo sin tabúes, el amor libre, la felicidad del *carpe diem* y la fraternidad. Sin embargo, ¿aquello fue un ideal? En absoluto, pues años después hemos sido testigos de cómo toda una generación ocupaba los divanes de los psicólogos porque, una vez concluida la euforia de la fiesta del cuerpo y el corazón («después de la tempestad, la calma»), se sentía abrumada por «la fatiga de ser uno mismo». El sociólogo Alain Ehrenberg[3] ha descrito a la perfección la carga del hombre moderno al que se le ha impuesto la nueva moral del disfrute personal. La moral del deber se vuelve insulsa, se denuncian las consecuencias patológicas de las prohibiciones y el objetivo del individuo es «ser uno mismo», un ideal puramente privado que, al liberar al hombre de todo aquello que es trascendente, le somete a grandes exigencias en su equilibrio interior. Las dificultades con las que tropieza para convertirse en una persona responsable provocan múltiples problemas, un desgaste/inseguridad ante las carencias y las inhibiciones y un estado depresivo que le obliga a recurrir a muletas químicas, a tratamientos terapéuticos de diferente índole y, en el presente, al apoyo que aportan los *coach*, la versión ultramoderna de los directores de consciencia.

Esto también ha provocado tormentas en las relaciones de pareja. La ideología del yo (mis necesidades, mis deseos, mi placer, mi desarrollo) no favorece las concesiones que requiere la vida en común. De este modo, el microcosmos de la familia puede convertirse fácilmente en un campo de batalla en el que el hombre y la mujer impongan sus respectivas libertades y sus reivindicaciones de igualdad, por lo que los enfrentamientos entre ambos egos pueden resultar bastante discordantes. Además, en una sociedad en la que reina el culto al rendimiento, ambos se sienten impulsados a desarrollar prioritariamente su ego y a comportarse como superhombres y supermujeres en todos los dominios y a demostrar constantemente su competencia o, lo que es

---

3. Alain Ehrenberg, *La fatigue d'être soi. Dépression et société*, Odile Jacob, 1998.

lo mismo, su competitividad en el trabajo, en su papel de amante, de cónyuge, de padre o madre, de hijo o hija, de amigo o amiga. Por eso, la omnipresencia de los consejos de los expertos intenta recordarles que el listón está demasiado alto. ¡Uf! En ocasiones les dicen, por ejemplo, que no se puede ser «una madre perfecta»[4] y que es posible escapar de la tiranía de las normas.

El hecho de distanciarse de estos modelos coercitivos y con frecuencia contradictorios concede a los cónyuges la libertad de escucharse. Vivir en pareja es una aventura que activa la flexibilidad mental y, cuando esta no está presente, el individualismo puede convertirse en egoísmo. Liberarse de la autoridad y acceder a la democracia requiere virtudes insospechadas de tolerancia y atención al otro. Toda decisión debe negociarse y, por lo tanto, el nacimiento de un hijo, un acontecimiento trascendental, pondrá a prueba a la pareja. Este hijo deseado, elegido y excepcional (pues probablemente será el único que tendrán), se convertirá en el portador de todos los sueños y proyecciones de sus padres y de la familia que crecerá con su llegada. Este niño satisfará el narcisismo de sus progenitores, pues cada uno de ellos intentará ver reflejado en él su propia imagen en lo que respecta al parecido, el carácter, las habilidades y el éxito. El niño acaparará toda la energía y será mimado por los medios, la publicidad y los fabricantes de todo tipo, de modo que los padres no se sentirán autorizados a contrariarle, intentarán evitar los conflictos y no le impondrán aquellos límites que les permitirían cultivar su vida de pareja sin esperarlo todo de su hijo. Es cierto que la presión llega por todas partes. Si los padres se sienten culpables por no haber comprado el último obje-

---

[4]. Libby Purves, *Comment ne pas être une mère parfaite ou L'Art de se débrouiller pour avoir la paix*, Pocket, 2000 (trad. esp.: *Cómo no ser una madre perfecta*, Paidós Ibérica, 1997).

to de puericultura que ha salido al mercado, también se sentirán expuestos al «control social» y se arriesgarán a ser acusados de incompetencia y negligencia en una sociedad donde el interés del niño es primordial, donde los derechos del menor son protegidos por una convención internacional (CIDE 1989) y donde la mala educación puede ser denunciada como maltrato por cualquier vecino que se sienta obligado a «entrometerse allí donde no le llaman». Aunque haya muchas cosas que decir sobre la forma de preocuparse de su suerte, es cierto que hoy en día la atención se centra por completo en el hijo. En treinta años, el niño ha sido promocionado a «rey», a «cabeza de familia», ironiza el psiquiatra Daniel Marcelli,[5] y la pareja gravita a su alrededor, poco segura de que también se deba algo a sí misma. Como no resulta sencillo ocuparse a la vez de uno mismo, del cónyuge y del pequeño rey, en ocasiones el niño se convierte en la piedra que se interpone entre la pareja. Creado por un hombre y por una mujer, el hijo es quien destruye a la pareja.

Esta inversión de la situación resulta algo esquemática, pues, aunque la sociedad ha cambiado, la vida privada es mucho más compleja y su evolución es menos lineal. Nunca ha sido sencillo para una pareja seguir adelante, sobre todo por los grandes conflictos, más o menos abiertos, que surgen a propósito de la educación del hijo.

Cuando el amor se idealiza y el niño se convierte en el centro de atención, cuando ningún obstáculo consigue frenar las libertades individuales, existe un gran riesgo de que la pareja, confrontada a la realidad, no sea lo bastante sólida para resistir tras la llegada del hijo. Por lo tanto, es importante tener en cuenta la existencia de este escollo que hemos bautizado como «baby-clash».

---
5. Daniel Marcelli, *L'Enfant, chef de la famille*, Albin Michel, 2003.

Y, aunque no se trata de ningún escollo insalvable, es posible que sea conveniente proveerse del hilo de Ariana antes de empezar a avanzar por el laberinto de la relación.

N. B.: Este libro no hace referencia a las parejas monoparentales, puesto que su propósito se centra en la dinámica de la pareja antes y después de la llegada del hijo. Las familias homoparentales se evocan en contadas ocasiones y nunca de forma específica, pues los pocos estudios que se han realizado de momento sobre la dinámica de dichas familias ante la llegada del hijo parecen indicar que los conflictos que surgen durante dicho periodo no difieren de los habituales.

I
FRENTE AL DESEO DEL HIJO

1
Historias diversas

En los últimos cincuenta años se han producido grandes cambios, en el entorno y en los modos de vida, que afectan a las familias de forma diversa y desigual. Todas las personas alimentan aquellas representaciones que les resultan cercanas y que proceden de las transmisiones inconscientes o conscientes de los modelos familiares o las normas sociales que han conocido. Por lo tanto, al verse implicadas en una relación de pareja, pueden no sentirse de acuerdo consigo mismas y con las ideas que defienden.

Modelos a veces contradictorios

Aunque existen diversas explicaciones, una de las principales es que en toda persona coexisten diferentes niveles de reflexión que se deben considerar antes de tomar una decisión, adoptar una conducta o emitir una opinión. Y, en ocasiones, dichos niveles entran en conflicto.

Las ideas sobre la evolución de las costumbres y los cambios en el modo de vida se transmiten y se transforman según el contexto social, político y cultural del entorno.

Y en lo que respecta a la familia, es obligatorio reconocer que los últimos treinta años del siglo xx han sido testigos de la aparición de una nueva concepción de la vida privada que todo el mundo ha integrado en mayor o menor medida.

Sin embargo, la transmisión transgeneracional de los modelos familiares es mucho más rápida que la del entorno social, el único que permite que la mentalidad colectiva evolucione de forma consciente.

En la actualidad se debaten asuntos tales como el matrimonio entre homosexuales, la adopción de un niño por parte de un hombre o una pareja homosexual y muchos otros temas que hasta hace poco se consideraban tabú. Sin embargo, cabe señalar que cuando estas cuestiones se plantean en familia, las posiciones que se adoptan suelen ser bien distintas a las que se defienden públicamente en una tertulia.

En el seno de la pareja también surgen ciertas contradicciones. Por ejemplo, muchos hombres convencidos de la igualdad entre sexos se contradicen casi sin darse cuenta:

—No entiendo por qué mi mujer no está contenta. Sé que trabaja, que eso es lo que ha decidido, y lo respeto. En casa hago todo lo que puedo por ayudar, pero nunca está satisfecha.

—Yo no le pido que me ayude —dice entonces la mujer—. Pedírselo equivaldría a aceptar que todo aquello que concierne a la casa me atañe a mí y, por lo tanto, que su ayuda sería un acto de generosidad. Yo considero que «la casa» es responsabilidad de ambos.

—No era eso lo que quería decir —replica el hombre—. Lo sabes perfectamente.

El modelo que conoció este hombre en su infancia, ya fuera en su casa, en la de sus amigos, en el cine o en la televisión, fue el de aquellos maridos que se esforzaban por asumir que el papel de las mujeres había cambiado. Sin embargo, todavía será necesario esperar al menos una generación para que estos cambios relacionales concedan una nueva espontaneidad a la relación de pareja.

Las mujeres también suelen contradecirse, pues este cambio todavía no ha sido asimilado y, de hecho, cabe la posibilidad de que nunca lo haga. A algunas les ofende la explotación del cuerpo de la mujer por parte de la publicidad, pero, al mismo tiempo, son conscientes de que aquello que les seduce de un hombre es la expresión de una masculinidad que transmita distancia y voluntad de dominación.

¿En todo esto existe realmente una contradicción? O, mejor dicho, ¿es necesario que una persona sea totalmente coherente consigo misma? Todos sabemos que, en ocasiones, no obramos tal y como pensamos.

El problema es que, en la pareja, sobre todo con la llegada de un hijo, estas contradicciones internas pueden ser fuente de conflictos, oposiciones y disputas recurrentes, pues uno de los cónyuges se siente mal y desea que el otro le apoye en esos momentos de debilidad. No hay nada más enervante que intentar tener razón en una discusión cuando una vocecita interior nos dice que estamos equivocados, sobre todo porque el hecho de reconocerlo podría significar el inicio de otra discusión compleja.

Para definir dos de los niveles que entran en juego en la relación de pareja, Mony Elkaïm[6] propone llamar *programa oficial* a la demanda explícita que hace cada cónyuge al otro (una demanda que se construye a partir de las ideas que cada uno tiene sobre la pareja y la relación amorosa y en la que, por lo tanto, influye en gran medida el contexto social y cultural del momento) y *mapa del mundo* a las creencias que cada uno ha ido elaborando con los mo-

---

6. Mony Elkaïm, *Si tu m'aimes, ne m'aime pas, Approche systémique en psychothérapie*, Seuil, 1989 (trad. esp.: *Si me amas, no me ames: psicoterapia con enfoque sistémico*, Gedisa, 1997).

delos que ha interiorizado y las experiencias que ha conocido.

Con frecuencia, ciertos puntos del programa oficial de uno, a pesar de estar en consonancia con el programa oficial del otro, chocan con su mapa del mundo.

Fabiana, que lleva cinco años viviendo con Hamid, considera que a las mujeres les cuesta mucho conseguir su independencia y que conviene evitar compartirlo todo con un hombre. Este es su «programa oficial». Sin embargo, como ha vivido separaciones dolorosas en su infancia, necesita la presencia constante de Carlos para sentirse plenamente confortada con respecto a la perennidad de su vínculo. Esto forma parte de su modo de comprender el mundo. Por su parte, a Hamid le da miedo comprometerse, porque, debido a su experiencia, considera que todo compromiso va siempre seguido de un rechazo. Este es su «mapa del mundo». Cuando Fabiana se aferra a él en busca de ternura y consuelo, él se muestra distante e intenta discutir. Ella percibe un alejamiento y se inquieta, pero entonces se regaña a sí misma e intenta convencerse de que sólo puede contar consigo misma. Entonces, Carlos se reafirma en su decisión de no mostrarse demasiado cercano, pues de lo contrario se sentirá muy solo en los momentos en que Fabiana decida ser independiente.

Fabiana, que se ha criado en el campo, tiene grabadas en su mente las creencias de las mujeres con quienes compartió su infancia. «La alegría es peligrosa. La felicidad intensa atrae a la desdicha. Hay que ser prudente con la alegría». La gente del campo lo sabe y, por eso, ha desarrollado una serie de tácticas. Allí nunca dicen: «Va bien», sino: «No va demasiado mal, querido».

Fabiana y Carlos, que empiezan a conocerse y a amarse, recurren a esta misma prudencia. Juntos evocan el mismo pesimismo con el que han crecido. En casa de Carlos se decía: «Nunca hay dicha sin desdicha, nunca se puede pasear bajo el sol sin que aparezca una nube negra. Siempre se produce el efecto bumerán. La desgracia se esconde, la desgracia merodea».[7]

Poco a poco serán capaces de expresar sus temores y sacarán a la luz su programa oficial. Y, aunque no podrán cambiar su «mapa del mundo», podrán explorar juntos nuevos territorios. Les daba miedo tener un hijo por si tenían que criarlo solos; les daba miedo reproducir rupturas y conflictos; les daba miedo ser felices. Sin embargo, de ahora en adelante, cada uno intentará ayudar al otro a tirar abajo sus barreras. Carlos se dejará llevar y abrazará a Fabiana antes de que se lo pida y ella intentará no escapar y confiar en él.

Existen numerosos libros que hablan sobre la relación entre dos individuos que desean unirse de forma amorosa durante un tiempo indeterminado.

Sobre los diversos modos de describir las formas de estar en pareja

☐ El punto de vista del sociólogo

Para un sociólogo, una pareja es el encuentro entre dos individuos. En este contexto, el término *individuo* adopta hoy un sentido muy distinto al que tenía a principios del siglo pasado. Algunos incluso añaden que el individualismo es la tara de una sociedad egoísta que vive en un mundo globalizado. Por ejemplo, en una entrevista concedida al periódico *Libération,* el sociólogo François de Singly afirmó: «Francia está viviendo una crisis de confianza en su entendimiento del individualismo contemporáneo,

---
7. Pierrette Fleutiaux, *Des phrases courtes, ma chérie,* Actes Sud, 2001.

erróneamente asociado a una visión ultraliberal de la sociedad. Sin embargo, este país fue el primero en proponer un proyecto de sociedad individualista, que funciona desde el año 1789 sobre los vínculos electivos que escogieron los propios individuos. No se trata de una sociedad reducida al "cada cual a lo suyo", sino de un gran proyecto de redefinición de dichos vínculos que parte de la idea de que el individuo es la base de la sociedad».

A partir de los años sesenta, los individuos empezaron a ser conscientes de que también tenían una identidad personal que debían descubrir y construir. Desde entonces, cada individuo ha podido asumir ser único, según un principio de diferenciación.

Ya se llame «individualismo» o «ideología de la autonomía», esta corriente social coloca en primer plano la búsqueda del «yo». Sin embargo, todos sabemos que ese «yo» no existe más que en las obligaciones y en la representación de las relaciones. Ese «yo» sólo existe cuando hace referencia a un «nosotros».

Emancipación e independencia tampoco son ya sinónimos de renuncia a todo vínculo de dependencia y unión.

El individuo moderno sueña con una familia que concibe como una especie de comunidad libre, en la que todos los miembros pueden aprender y evolucionar en contacto con los otros, como por fricción. Por lo tanto, un individuo puede desarrollarse eligiendo libremente sus restricciones.

Esto genera fuertes contradicciones, pues, por un lado, el hombre se siente impulsado al «cada cual a lo suyo» y, por otro, adopta la posición menos egoísta del «cada uno para todo el mundo».

El hecho de que se haya planteado una reducción de la jornada laboral demuestra que la principal aspiración de los individuos es consagrar más tiempo a su familia y a sus hijos. Como dice Boris Cyrulnik:[8] «El progreso es el desarrollo de las personas. El efecto secundario es la angustia».

Los filósofos, sociólogos y moralistas explican que nuestra civilización ha dejado de centrarse en el deber y que, ahora, el objetivo de la vida es el bienestar (que suele ir de la mano del éxito material). Además, el individuo intenta durante toda su vida aprender a sentirse mejor, a desarrollar sus competencias y a conocerse más.

En los países occidentales industrializados, los sociólogos perciben la emergencia de otros tipos de familia que se sitúan al lado o más allá de la familia nuclear. Edward Shorter[9] sugiere la llegada de un modelo único de familia, «la posmoderna», que en tres de sus aspectos se transforma en direcciones que carecen de precedente histórico: la ruptura definitiva de los vínculos entre las generaciones ancianas y las jóvenes, la inestabilidad de la pareja y, debido a la liberación de las mujeres, la destrucción sistemática del concepto de hogar conyugal, a cuyo alrededor se construía la vida de la familia nuclear. En su opinión, la consecuencia de dichas transformaciones es un cambio radical de la estructura familiar, pues la familia nuclear se desintegra para ser reemplazada por la pareja, que se enfrenta con frecuencia a la ruptura y está privada de todo satélite, con la única excepción de los hijos y los padres de los cónyuges, que adoptan un discreto segundo plano.

Los sociólogos sienten un gran interés por las relaciones que se establecen entre la esfera privada y la pública, entre lo personal y el Estado.

---

8. Boris Cyrulnik, entrevista con Claude Weill, *Le Nouvel Observateur*, 10 de febrero de 2004.
9. Edward Shorter, *Naissance de la famille moderne, XVIIIe-XXe siècles*, Seouil, col. «Points Histoire», 1981.

Hace largo tiempo que ciertos autores como Bertrand Russell[10] y Christopher Lasch[11] se cuestionan la «huida ante los sentimientos» y se preguntan si la diferenciación que se establece cada vez con más frecuencia entre «sexualidad» y «procreación» acabará haciendo que las relaciones amorosas se vuelvan insignificantes.

Hasta el momento presente, los individuos han concedido una gran importancia a las relaciones personales, pero afirman que cada vez sienten un menor interés por los elementos que influyen en su vida cotidiana. La vida erótica se ha liberado debido a la disociación procreación-sexualidad y ahora se valora por sí misma.

Bertrand Russell auguró en su día que la socialización de la reproducción humana —la sustitución de la familia por el Estado— haría que las «relaciones sexuales fueran más insignificantes», las «relaciones personales, más banales» y «todo interés por aquello que pudiera haber después de la muerte, casi imposible». A primera vista, la evolución que se ha producido durante los últimos años parece contradecir la primera parte de su predicción, pues, en la actualidad, los occidentales conceden a las relaciones personales y, en particular a la relación hombre-mujer, una importancia primordial. Una vez disociados los términos *procreación* y *sexualidad*, la vida erótica se ha liberado y se valora por sí misma. Ya en el libro de Aldoux Huxley *Un mundo feliz*[12] los niños se fabricaban en botellas. Los humanos «civilizados» habían dejado de estar sometidos a la reproducción natural, es decir, a la viviparidad percibida como una supervivencia obsoleta y desagradable de un

---

10. Bertrand Russell, *Marriage and Morals* (1929), New York, Bantam, 1959 (trad. esp.: *Matrimonio y moral*, Cátedra, 2001).
11. Christopher Lasch, *The Culture of Narcissism*, New York, W.W. Norton & Company, 1979 (trad. esp.: *La cultura del narcisismo*, Andrés Bello, 1999).
12. Aldoux Huxley, *Un mundo feliz* [1932], Plaza & Janés Editores, 1992; *Nueva visita a un mundo feliz* [1958] Edhasa, 1989.

pasado que no se encontraba más que en ciertas reservas «salvajes». «La civilización es la esterilización», afirmaba Huxley. Para ser verdaderos humanos, para ser seres completamente «civilizados», era necesario gozar plenamente y, por lo tanto, ser liberados del yugo de la reproducción. Por lo tanto, el erotismo se convirtió en el patrimonio de la humanidad, pues inscribía al individuo en la cultura, mientras que la procreación natural lo reducía al nivel de la naturaleza y, por lo tanto, a la animalidad.

El hecho de que la familia se haya reducido a la célula conyugal hacía pensar que las parejas se mostrarían más receptivas a sus necesidades afectivas y dejarían de vivir por poderes a través de sus hijos. Según ciertos observadores, ahora que el contrato del matrimonio ha perdido su carácter obligatorio, las parejas pueden encontrar una base más sólida para sus encuentros sexuales que los deberes exigidos por la ley. En resumen, la creciente tendencia a vivir el momento, sean cuales sean las consecuencias entre padres e hijos, parece haber sentado las bases de una nueva intimidad entre hombres y mujeres.

Pero para el estadounidense Christopher Lasch, «esta apariencia es sólo una ilusión. El culto a la intimidad no consigue ocultar el temor creciente a no encontrarla jamás. Las relaciones personales se colapsan bajo el peso emocional que se les impone, y la incapacidad de "interesarse por algo, hasta que ese algo deja de existir" crea una necesidad tan urgente de amarrar las relaciones íntimas en el presente que estas se vuelven más inaccesibles que nunca».

La llegada de un bebé modifica las fronteras de la intimidad, tanto las de cada uno de los cónyuges como las que separan a la pareja del resto del mundo.

La llegada de este hijo alterará la sexualidad, considerada por algunos un escollo y, por otros, la piedra angular sobre la que se construye la pareja. Por lo tanto, los nuevos padres tendrán que reevaluar la importancia de su sexualidad en aquello que les une. ¿Será siempre un momento privilegiado que les permitirá encontrarse, reencontrarse y expandirse? ¿Será un momento de reposo en un mundo de dificultades? ¿O se convertirá en un terreno sobre el que se impondrá una vez más el «cada cual a lo suyo»? ¿Permitirá que la pareja se sienta más solidaria, más complementaria y más unida? O, al contrario, ¿el derecho al disfrute hará que surjan tensiones?: «Como yo hoy he hecho esto por ti, esta noche tú tienes que hacer esto por mí».

Las insatisfacciones sexuales, que en ocasiones existían ya antes del embarazo, reaparecerán tras la llegada del hijo.

Además, aquello que cada uno consideraba atrayente en el otro será modificado. Ciertas mujeres consideran que un hombre enamorado desarrolla su parte femenina, de modo que si él disfruta cuidando del bebé, si muestra ternura y emoción ante su mujer, ¿esta le considerará menos viril? Por otra parte, si él no se interesa por su hijo y adopta un discurso de macho obsoleto, ¿ella será capaz de aguantarlo?

Y si ella centra toda su atención en la maternidad, ¿él no temerá las consecuencias? Balzac ya se preguntaba: «¿Quién puede rellenar los dos precipicios de sus ojos? Da miedo encontrar en ella algo virginal, algo indómito. La mujer fuerte sólo debe ser un símbolo, pues es algo que en la realidad se teme».[13]

Tras la llegada del hijo, la sexualidad se vuelve a cuestionar. ¿Quién toma las iniciativas? ¿Quién espera que sea el otro el que las tome? Y sobre todo: «¿Cómo nace tu deseo por mí? ¿Por qué ya no comprendes qué es lo que despierta el mío por ti?».

---

13. Honoré de Balzac, *Béatrix* (1845), citado por Nicole Loraux, *Les Expériences de Tirésias*, Gallimard, 1989 (trad. esp.: *Las experiencias de Tiresias: lo masculino y lo femenino en el mundo griego*, El Acantilado, 2004).

☐ El punto de vista del psicoanalista

El amor es un tema que los psicoanalistas adoran pero que pocas veces puede abordarse de un modo atrayente. El psicoanálisis estudia los deseos, los impulsos y la sexualidad, pero pocas veces analiza el estado amoroso.

A menudo parece que el psicoanálisis niega toda espontaneidad al encuentro amoroso, pues lo considera simplemente una ocasión para repetir las situaciones anteriores y originales.

La instalación de lo conyugal se suele debatir a partir de una reactualización del complejo de Edipo de los cónyuges y de su compromiso inconsciente en el momento de elegir a su compañero amoroso. Alberto Eiguer[14] insiste sobre lo revivido, sobre el redescubrimiento del amor infantil y su valor simbólico de restitución del encuentro amoroso. Este amor posible que intenta conciliar el deseo, la angustia de la castración y la identificación puede considerarse un compromiso inconsciente.

La dimensión del estado conyugal radica en aquello que la pareja vive y comparte, siempre y cuando se reconozca cierta estabilidad en los vínculos conyugales. En esta identificación mutua también están presentes los aspectos inconscientes (motivaciones, deseos y fantasías) y los aspectos conscientes que hacen referencia al proyecto de vida de la pareja.

En la actualidad, el encuentro amoroso suele situarse entre la nostalgia del amor maternal y el impulso fusional. Cada uno busca en el otro lo idéntico y lo diferente. Para los psicoanalistas, las descripciones de los resortes del sentimiento amoroso se centran en el ombligo del indivi-

---

14. Alberto Eiguer, «Les deux strates du transfert en thérapie psychanalytique de couple», *Dialogue*, núm. 95, 1.er trimestre 1987.

duo, en el vestigio de su cordón umbilical. Nos unimos a la persona que creemos ser o a la persona que nos gustaría ser; buscamos a alguien que sea «como mamá o papá» o, como en ocasiones sucede, a alguien que sea totalmente distinto. Esta idealización es necesaria, pero, como veremos más adelante, no siempre logra resistir a la realidad de la vida familiar.

La unión conyugal ofrece a la pareja la oportunidad de solucionar de forma constructiva ciertos conflictos o repetir de un modo patológico ciertos aspectos de su relación.

□ El punto de vista del terapeuta de pareja

El fin de la adolescencia

Ciertas parejas están formadas por adultos que no han dejado atrás su adolescencia. Tarde o temprano (y la llegada de un hijo suele precipitarlo), la reivindicación identitaria sale a la luz. Poco después de aquel «Contigo, por fin sé quién soy», surge el «No soy quien crees que soy y, sin embargo, te empeñas en que lo sea...». Los teóricos de terapia de pareja sistémica, como Patrick Chaltiel,[15] explican: «Durante los momentos de crisis, muchas parejas hablan de desilusión para describir la siguiente fase; sin embargo, su elección nunca fue una ilusión». La pareja se forma sobre señales muy fuertes que no tienen nada de ilusorio. Los flujos, efluvios, conjuntos de atributos, mitos y evocaciones transgeneracionales que se van uniendo hacen que uno se sienta atraído por el otro y que se forme el vínculo. Sin embargo, en el momento en que dichas señales se vuelven demasiado conscientes, aparece la reivindi-

---

15. Patrick Chaltiel, «Illusion du mutuel, revendication d'identité... et autres "petites inventions" du couple», *Générations*, núm. 1, octubre 1994.

cación identitaria. Esta podrá realizarse de un modo simétrico, donde cada uno intentará reconstruirse en detrimento de la identidad y la idealización de la pareja. No obstante, el niño normalmente será un elemento que permitirá triangular sus desavenencias, reintroducir la dimensión de herencia de las familias de origen y legitimar el vínculo.

El amor es un encuentro y, más adelante, una relación que se va tejiendo con el día a día, a veces sin tener en cuenta el pasado mañana. Jean-Georges Lemaire,[16] terapeuta conyugal, insiste en la diferenciación que debe establecerse entre las parejas según su intención implícita de durar. «Con frecuencia no se habla de esta preocupación por el futuro porque se considera anticuada, ridícula o utópica. Sin embargo, ya sea de forma implícita o, en ocasiones, explícita, el vínculo se constituye inconscientemente en función de una duración limitada [...]». Por lo tanto, se supone que existe un «intento de organizar la relación con la perspectiva latente de superar los conflictos, más que de prevenirlos».

Las parejas «fusionales»

Hoy en día, la moda ideológica no tiende a la fusión. El término *fusionarse* conserva una connotación negativa y es sinónimo de dependencia e inmadurez. La fusión sólo es posible cuando uno se separa del mundo y finge que el tiempo se ha detenido. Como dice el proverbio: «Un hombre y una mujer contraen matrimonio cuando deciden ser uno. Los problemas empiezan cuando intentan decidir cuál de los dos ser».

---

16. Jean-Georges Lemaire, «Thérapie de couple et post-modernité», *Dialogues,* núm. 95, 1.er trimestre 1987.

Sin embargo, las parejas fusionales existen. Si hay simetría en ellas, es posible que ambas mitades se sientan satisfechas. En cambio, serán disfuncionales si uno de los miembros es más fusional que el otro.

Pero como la aritmética es una ciencia exacta, si dos mitades adheridas forman un todo, ¿cómo se las arreglarán para aceptar a un tercero, al bebé?

Por lo general, las parejas que se alimentan de sí mismas, de su amor, de aquello que cada uno percibe en los ojos del otro, son las que presentan más dificultades a la hora de adaptarse tras la llegada de un bebé, porque consideran que el amor pasional excluye a todo tercero. Este representa una amenaza y puede hacer estallar la burbuja que aísla a la pareja del resto del mundo.

Parejas «pactuales» y «colusivas»

La psiquiatra suiza Willi[17] propone diferenciar a aquellas parejas que se organizan sobre una relación «pactual» de aquellas que lo hacen sobre una relación «colusiva». Las primeras están constituidas por un cónyuge más bien paternal y otro más bien infantil y, por lo tanto, presentan la configuración padre-hija o madre-hijo, a la que se une también la de hermano-hermana. Este equilibrio padre-niño representa una parte más o menos importante de la relación, que queda completada por la dimensión sexual. La llegada del niño requerirá ciertos reajustes en estos tres equilibrios, pues será un rival para aquel padre que haya adoptado la posición infantil y que hasta ahora había monopolizado la competencia paternal del otro. Por lo general, las parejas pactuales son bastante autónomas y man-

---

17. Jürg Willi, *La Relation de couple: le concept de collusion*, Delachaux & Niestlé, 1982 (trad. esp.: *La pareja humana. Relación y conflicto*, Morata, 2002).

tienen una alianza afectiva flexible. Además, suelen ser capaces de utilizar las crisis para analizar su relación, madurar y efectuar las adaptaciones pertinentes.

Cada uno de los cónyuges espera controlar, a través de la pareja, aquellos puntos de su historia personal (con frecuencia, desarrollados durante la infancia) que suele ocultar en mayor o menor medida a su compañero. Por lo tanto, en estas parejas, el cónyuge es percibido como alguien que reconforta y ayuda a avanzar al otro.

Por su parte, las parejas colusivas son aquellas que presentan una organización disimétrica y que pueden deteriorarse de forma progresiva debido al comportamiento de uno de los cónyuges. El objetivo de los protagonistas es huir con brutalidad de su familia de origen, pero, de pronto, al mirar atrás, se dan cuenta de que no tienen ningún proyecto. En su unión buscan la fuerza que les permita alejarse de su infancia. En ocasiones, estas parejas son estáticas y, por lo tanto, el nacimiento de un hijo puede sumirlas en una contradicción. Cada uno de los padres querrá proteger al pequeño del otro padre, pero, al mismo tiempo, le exigirá amar al niño y verificará que este amor es adecuado, ni demasiado invasor ni demasiado distante (aunque pocas veces lo definirá de este modo). Como el niño es un regalo que cada uno ha hecho al otro para compensar su infancia perdida, estos padres adoptarán, por turnos, la posición de observador (o excluido), cuando el niño esté con el otro, y la de protagonista, cuando sea él quien interactúe con el pequeño.

Historias de parejas...

Todos recordamos los cuentos de nuestra infancia: evocan un amor triunfal, pero también los obstáculos que se deben superar antes de alcanzarlo. En ellos, el camino inicial suele estar marcado por la desaparición de uno o ambos padres y la maldad de aquellos adultos que supuestamente debían proteger al niño.

Pasamos la adolescencia escuchando canciones que proclaman la belleza del amor desdichado y que nos enseñan que el verdadero amor se descubre a través de la falta del otro y las separaciones.

Las películas y novelas que nos gustan también hablan de amores no correspondidos o de las pequeñas chispas que hace saltar el destino para que se encuentren aquellos que están hechos el uno para el otro.

Felices o desesperados, los héroes de las historias de amor pocas veces se enfrentan a las pruebas del parto, los biberones y el insomnio. Su amor se erige sobre la certeza de que, un día u otro, encontrarán a su alma gemela, a su otra mitad, y que esta les permitirá abrazar al amor fusional original (el maternal).

Queramos o no, nuestros encuentros están sometidos al tamiz de esta cultura (cuentos, canciones, películas) y a la crítica que hacemos de ella. Esta cultura impone un modelo suplementario que refuerza ciertas creencias y convicciones (que varían entre el «No existe el amor dichoso» y el «Te amaré siempre»).

La historia de amor se encuentra en la base de toda trama, pero es necesario añadir complejidades, porque el «Yo le amo, él me ama, nuestros padres están de acuerdo» nunca ha generado demasiado interés. Cuando le preguntaron a Orson Welles cuál era la fórmula del éxito, este respondió: *«Boy meets girl»* («Chico conoce chica»). ¿Por qué nunca sabemos qué les tenía deparado el futuro? Las historias de amor, en las películas y las novelas, se centran en el individuo o en la relación entre dos personas. Por lo general, lo único que importa es el presente.

Estas historias refuerzan las creencias positivas o negativas de aquellos que las leen, las escuchan, las miran y se identifican con los personajes. Mediante su trama, confirman que en la actualidad ha dejado de ser prioritario enseñar a los jóvenes a convertirse en padres. Se les enseña a amar y a ser amados, a abrirse al sexo y a desarrollarse en su profesión, pero no a anticiparse a todo aquello que experimentarán cuando tengan hijos. De hecho, el propósito de algunas películas es convencerlos de que, si algún día tienen hijos, tendrán que asegurarse de que no «les estafen» en el momento de la separación, que será inevitable.

☐ Parejas que consideran que el matrimonio es un compromiso con una dimensión espiritual

Existen parejas que se cimientan sobre un discurso espiritual o, dicho de otro modo, sobre una base religiosa.

De forma generalizada se considera que la formación de una pareja es, en principio y por encima de todo, el encuentro de dos deseos, el fruto de la resonancia de dos psiquismos. Por eso mismo, puede resultar sorprendente que se hable de la «misión de la pareja», pues las dos palabras que imperan en su constitución son «deseo» y «proyecto». Sin embargo, cuando se habla en términos de compromiso, haciendo un mayor hincapié en la decisión y la voluntad, lo que impera es la noción de un proyecto: «¿Cuál es vuestro proyecto de pareja?», «Formular un proyecto»…

Todo esto tiene una parte de verdad, pues, al menos en nuestra cultura, el nacimiento de una pareja duradera presupone un conjunto sorprendente de fenómenos, en última instancia inexplicables, que dan lugar a aquello que se denomina «estado amoroso» y que desempeña un papel primordial en la constitución del vínculo. También es cierto que una imagen común, un horizonte y la voluntad de construir juntos una historia original son los ingredientes que dinamizan la unión conyugal.

Aquellos que consideran que unirse es un compromiso voluntario y desean conceder una voluntad espiritual a su búsqueda afirman que casarse es algo más que formar una pareja. Para ellos, la noción del matrimonio es mucho más rica que la de «pareja». «Si nos remitimos a la perspectiva cristiana, parece que contraer matrimonio equivale a responder a una llamada... y esto presupone haber oído a esa persona, haber prestado atención a una voz que llegaba desde más allá del yo. Una llamada que, en latín y en la Iglesia, se denomina *vocación*. A esta vocación privada le corresponde —o le debería corresponder— otra llamada u otra dimensión de esa misma llamada, más externa, que procede de la Iglesia y pasa por las comunidades adheridas a ella. Recibir dicha llamada significa haber sido elegido. Sin duda, el hecho de ser conciente de que contraer matrimonio significa aceptar una misión de dimensiones plurales ayudará a las parejas nacientes (y a las más veteranas) a dejar atrás una concepción exclusivamente subjetiva y afectiva de su unión. También les permitirá pasar por alto la concepción de que dicha unión es exclusivamente privada, íntima y dual», explica M. Xavier Lacroix, decano de la facultad de Teología de Lyon.[18]

Las tres grandes religiones monoteístas valoran el matrimonio, la unión espiritual y la procreación. Los practicantes consideran que el proyecto familiar es prioritario, pero que debe desarrollarse sin perjudicar al individuo ni a la pareja. Sin embargo, seguirá siendo necesario que los cónyuges mantengan una armonía real y que la influencia de las familias de origen, que con frecuencia están de-

---

18. Xavier Lacroix, «*Peut-on parler de "missions" du couple?*», texto disponible en Internet, en el sitio del Service national des vocations (www.snv.free).

masiado presentes, sea repartida de un modo equitativo y aceptado por ambos.

En el plano espiritual, estas parejas se articulan alrededor de la familia y el conjunto de la comunidad de un modo armonioso y positivo. Están unidas por un mismo proyecto, «miran en la misma dirección» y, para ellas, la llegada de un hijo es una elección y una prioridad, de modo que si la vida conyugal pasa a ocupar un segundo plano, sus miembros no sufren... o, al menos, no lo reconocen.

☐ La pareja ante los ojos de los demás

Los famosos «ojos de los demás» pueden impulsar a una pareja a hacer oficial su unión.

Con mayor o menor rapidez, ambos experimentan la necesidad de salir un poco de la burbuja amorosa y relacionarse con el mundo. De repente o de forma insidiosa, uno presenta al otro a sus amigos y se produce una retroalimentación, pues las invitaciones pasan a ser conjuntas. «Por cierto, ¿qué tal te va con ella? ¿Os veis a diario? Esto empieza a ir en serio». Después: «¿Tenéis proyectos?». Más adelante, cada uno de los miembros de la pareja pensará: «Si mis amigos y allegados nos ven como una pareja y nos aceptan como tal, es evidente que deben tener algo de razón. Y como ellos quieren mi bien, supongo que piensan que él (o ella) es la "persona adecuada" para mí». ¿Y si fuera Ella? ¿Y si esta vez realmente fuera Él? ¿Voy a escapar de esta relación como ya he hecho otras veces o voy a hacer lo posible por que dure, reconocer que existen momentos dichosos y asumir que depende un poco de mí que se prolonguen? ¿Puedo aceptar que alguien me ama? Si sigo con ella (o con él), ¿lo estará decidiendo mi "yo" profundo o lo estaré haciendo por puro conformismo, para complacer a mis padres y a mis amigos?».

En estos momentos de elección, las anticipaciones pasan a ocupar un primer plano. Dos anuncios publicitarios recientes ilustran a la perfección dichas anticipaciones.

En el primero, un joven busca mesa en la cafetería de una estación. Se dispone a viajar solo, nadie sabe adónde. Como no encuentra ninguna mesa libre, decide compartir la de una encantadora joven que se dirige a Madrid y que parece sensible a sus encantos. Como él lleva encima una tarjeta de crédito, decide cambiar su destino y compra un billete a Madrid…
Algunos años más tarde, los vemos descender de otro tren, con dos niños.

Este anuncio, que publicita una tarjeta de crédito, contiene los elementos de un cuento: el azar, la idea preconcebida de que en algún lugar de la tierra se encuentra nuestra media naranja y que sabremos reconocerla con la certeza de que el destino ha llamado a la puerta ese día concreto.

En el otro, un vaquero avanza por el desierto cabalgando en su caballo. Oye unos gritos, se acerca a un cañón y ve a una hermosa rubia colgada de una rama sobre el vacío. Antes de salvarla, el vaquero se bebe una botella de agua y su futuro empieza a pasar ante sus ojos: la hermosa rubia se convierte en una mamá obesa con dos niños gritones y una suegra. Entonces, vuelve a montar en su caballo y sigue adelante con su camino, dejando a la rubia en el precipicio. El agua le ha permitido tener un momento de lucidez…

En este caso, el encuentro es sinónimo del fin de la libertad, de la alienación total. No se sabe si el vaquero considera que el objetivo final de toda mujer es privar a un hombre de su libertad para encerrarlo en una prisión o si considera que ella no lo amará de verdad y que también se sentirá encerrada en un esquema imparable e implacable.

Estos dos modelos siguen estando muy presentes en nuestros esquemas inconscientes. En el primero, el reencuentro con el ser amado es una obligación; eso significa que acabará llegando y que, cuando lo haga, todo será fabuloso. En el segundo, el reencuentro es lo peor que puede ocurrir y, por lo tanto, conviene evitarlo a toda costa.

☐ Cada uno se monta su película

Las representaciones y los modelos se ponen en marcha en cuanto dos individuos descubren que sienten, de forma mutua, una afinidad electiva. Dicha afinidad les impulsa a adentrarse en una relación duradera. De este modo, la relación se inicia como un fenómeno natural que podría obstaculizar los proyectos individuales de los futuros cónyuges. ¿Estarán dispuestos, como hicieron sus padres, a fundar una pareja renunciando a proyectos personales importantes? ¿Estarán dispuestos a valorar la familia en detrimento de la vida profesional, que es sinónimo de independencia? Ella recuerda a aquellas mujeres que no pudieron divorciarse por su falta de independencia financiera y afectiva, pero, al mismo tiempo, se dice a sí misma que no puede iniciar una relación planteándose las consecuencias de su posible fracaso.

«Haz lo que te he dicho, pero no hagas lo que hice yo», les dicen con frecuencia sus padres. Y añaden: «Sé feliz, haz realidad tus sueños». Lo que intentan decirles es que, antes de comprometerse, deben ser independientes, tener una profesión y tomarse el tiempo necesario para decidir. A menudo también transmiten el mensaje de que tener hijos «demasiado pronto» puede ser perjudicial y que es posible que lo lamenten más adelante. Las restricciones y las limitaciones que impone la parentalidad se evocan con más facilidad que las alegrías y la felicidad que trae consigo.

Por lo tanto, la pareja se crea cuando ambas partes consideran que esta existe y que, juntos, pueden evocar a ese tercero que representa su relación. Sin embargo, esta «consideración» no se encuentra en el mismo nivel lógico que la realidad cotidiana de los cónyuges, la que estos conocían antes de tomar la decisión de ser una pareja. Ahora, la pareja reconocida, autoproclamada y validada por los demás podrá aislarse del exterior y crear su propia intimidad, donde la sexualidad será con frecuencia el elemento más destacable. Además, cada uno intentará averiguar si el otro responde a sus expectativas.

Aunque se han realizado múltiples estudios psicológicos y sociológicos sobre las relaciones de pareja, aquellas cuestiones que se centran en el reconocimiento de la mujer y en el lugar que ocupa el hombre todavía no se han resuelto. Por lo tanto, siguen existiendo diferencias importantes entre las representaciones de los hombres y las mujeres.

Cuando se les pregunta sobre su concepción de la conyugalidad, si tienen en cuenta la influencia de los valores sociales y culturales, las vivencias individuales, el afecto y los ideales asociados, los hombres suelen decir que el «reparto» y la «familia» son los factores determinantes de la relación conyugal, mientras que las mujeres ponen en un primer plano la «complicidad» y el «amor».

Ciertos estudios[19] han intentado determinar los criterios en los que se basa una persona para elegir a su cónyuge. La mayoría de los hombres buscan una mujer que los ayude a socializarse y conceden una segunda posición al «afecto» y al «apoyo personal». Por su parte, las mujeres hablan en primer lugar de «afinidad» y, en segundo, de la «necesidad de afecto».

---

19. Véase T. Feres-Carneirio y A. Seixas-Magalhäes, «Retour de la conjugalité sur la subjectivité des partenaires: une question pour la clinique psychanalytique du couple», *Générations*, núm. 23, junio 2001.

Estos datos confirman la hipótesis de que los hombres realizan su elección amorosa sobre una forma de apoyo, mientras que las mujeres siguen un modelo de elección narcisista. Las mujeres resaltan el «sentimiento de amor» como el motor que permite fundar una pareja e idealizan a su compañero con más frecuencia que los hombres. Sigmund Freud[20] afirmaba que existían dos tipos de elección de pareja: la elección anaclítica, fundada sobre una búsqueda de la imagen parental, y la elección narcisista, fundada sobre la búsqueda de la propia imagen (cómo se percibe el individuo y cómo ha sido en el pasado).

Tanto la «percepción del cónyuge» como la «autopercepción» reflejan que muchos hombres y mujeres buscan la complementariedad. La idea de que la mujer se identifique con el afecto y el hombre con lo racional sigue formando parte del imaginario social.

☐ En la actualidad, ¿cuándo se reconoce que dos personas forman una pareja?

Antaño, la pedida de mano formalizaba la unión de una pareja, pero esta ceremonia ha quedado anticuada. El matrimonio, ya sea civil o religioso, ha dejado de ser un trámite obligatorio para todos y ha pasado a convertirse en un motivo de fiesta y de reunión, puesto que todo el mundo reconoce a la pareja como tal desde hace largo tiempo. Sin embargo, siempre falta una prueba de amor, una cortesía, una elegancia.[21] Los artículos de muchas revistas se preguntan sobre la realidad y el futuro de la noción de «pareja» y acaban por concluir que la pareja está en peligro, pero que tiene un futuro, que es una realidad social a

---
20. Sigmund Freud, «Pour introduire le narcissisme» (1914), en *La Vie sexuelle*, PUF, 1969, (trad. esp.: *Introducción al narcisismo y otros ensayos*, Alianza, 2005).
21. Philippe Caillé, «Un couple en quête de lui-même», *Générations*, núm. 31, diciembre 2003.

la que nos aferramos con la misma fuerza que a nuestra independencia...

«La felicidad y cómo alcanzarla» y «Cómo tener éxito en su pareja» son dos de los temas favoritos de los editores y los lectores. Diversas publicaciones explican los caminos que se deben seguir para acceder a la satisfacción personal y conyugal. Las contradicciones son las mismas de siempre, pues el individuo se dirige al intelecto para convencerse de los afectos, emociones y demás motivaciones inconscientes que lo dirigen.

Para sentirse bien con uno mismo y con la relación de pareja, ¿es necesario privilegiar el control o «dejar hacer»?

La pareja, según dice Jacques Salomé,[22] «consiste en proponer una intimidad personal sobre una intimidad personal para intentar crear una nueva intimidad: la de convivir, unidos y con una perspectiva de duración». Esta identidad, que debe respetar y reforzar la intimidad de cada uno, deberá enfrentarse a diversas fuerzas antagónicas, como la capacidad de autonomía personal, la capacidad de cambio y la capacidad de compartir.

Salomé alude a las cuatro fases que requiere la creación de una pareja:

— encontrarse y atraerse;
— conectar, es decir, inscribir el encuentro en la duración;
— aliarse, formalizar el vínculo;
— unirse: comprometerse, reconocer al otro como bueno para uno mismo y confirmárselo. El otro, a su vez, debe reconocer al primero como bueno para sí mismo y confirmárselo.

---

22. Jacques Salomé, «Vivre en couple», en *Être à deux ou les traversées du couple*, Nathalie Calmé dir., Albin Michel, col. Espaces libres, 2000.

La problemática de la vida en pareja se debe a la dificultad que existe a la hora de mantener la autonomía en el marco de las relaciones íntimas. Por lo tanto, hay que aprender a manejar una distancia relacional moderada que permita desarrollar las competencias relacionales, preservando en todo momento la autonomía. En el seno de una pareja, los cónyuges esperan con demasiada frecuencia que su compañero, o esa entidad abstracta que es su relación, calme su angustia, pero los miembros de la pareja sólo podrán proseguir con su proceso de diferenciación si consiguen desarrollar su capacidad para serenarse en presencia del otro.

2
El deseo del hijo y la espera

El deseo de tener un hijo es un concepto nuevo en Europa. ¿Quién podía hablar de «desear» la llegada de un hijo en una época en que la obsesión de las mujeres era evitar tener uno cada año? El hecho de controlar el embarazo y rebelarse contra el destino comportó una serie de consecuencias, porque, como la procreación se había convertido en un acto voluntario, iba a ser difícil asumir que no llegara en el momento deseado. ¿A quién acusar? ¿Aquellas mujeres a quienes les llegara sin avisar (embarazos de adolescentes, embarazos tardíos) serían señaladas con el dedo porque «deberían haberse informado»? Este sueño de omnipotencia iba a tropezar con los límites de la humanidad y de la complejidad del deseo. Todo deseo, ya sea del hombre, de la mujer o de la pareja, es ambivalente, pues su intención final se apoya en una base inconsciente. Ni el hijo «elegido», ni el hijo «evitado», ni el hijo «sorpresa» son producto de una voluntad clara.

El deseo del hijo puede ser una nube de tormenta en el cielo azul de la pareja porque establece el factor tiempo en una relación que se vivía en el presente. Hay que planear el futuro reintroduciendo el pasado. Este deseo hace que surjan preguntas, dudas, respuestas, esperanzas y temores. ¿Qué viene a hacer este intruso en una historia que es, en esencia, el testimonio de la pasión de dos personas que se aman? ¿Esta «invasión del uno por el otro» —así podría describirse el amor— será capaz de soportar la llegada de ese tercero que será el bebé? ¿El bebé provocará fisuras en la pasión de la pareja y se alzará como una figura amenazadora o, en cambio, será quien prolongue su amor y se lo muestre al mundo, quien les haga mirar hacia el futuro y les demuestre que existe una afinidad secreta entre la consciencia amorosa y la moral?

Este deseo es también un misterio para el niño:

— ¿Dónde estaba yo antes de nacer?
— Estabas en mi vientre, amor mío.
— ¿Y antes?
— ¿Antes? Eras un destello en los ojos de tu padre...

¿Un niño que se plantea estas cuestiones puede entender los componentes del deseo de tener un hijo, si estos ya resultan complicados para sus padres, los adultos?

El destello que vio esta mujer en los ojos del hombre que ama es un mensaje que va más allá de las palabras y que ella considera explícito. Esto es algo habitual en aquellas parejas para quienes los proyectos comunes son una evidencia, ya sea en el momento o durante la reconstrucción posterior.

Sin embargo, en ocasiones se formulan las palabras que, según la situación, son esperadas, anheladas, necesarias y temidas.

El anhelo de tener un hijo puede ser un proyecto personal, un capricho repentino, una ambición de conseguir que progrese la relación de pareja, un soplo de vida para uno mismo o una concesión al otro. ¿Cómo hablar de ello? ¿Cómo entenderlo? Cada uno intentará encontrar el momento y el contexto adecuados para tratar este delicado asunto que en ocasiones se convertirá en el momento clave de su compromiso. Cada uno de los miembros de la pareja recordará lo que se dijo durante dicha conversación, aunque, según la evolución de la historia, es posible que las versiones y las interpretaciones diverjan.

El deseo de la mujer

La mujer desea tener un hijo para ella, para sentirse llena, para su madre o para rebelarse contra ella. Y va a tener a este niño con su cónyuge, con un compañero de travesía, o con la sombra de su padre. Es posible que este niño llegue en un momento en que se sienta preparada y madura, que sea un niño con el que se intente compensar un aborto o una muerte, que sea un niño que nadie esperaba y que llega (demasiado) tarde, que sea un niño que nadie creía poder criar porque aún no ha abandonado la infancia o que sea el niño que cumplirá su deseo de crear una «copia de su cónyuge, pero en pequeñito».

Aquellas mujeres que hayan decidido voluntariamente su embarazo no tendrán que enfrentarse a mayor desafío que el de responder a las diferentes exhortaciones que les serán formuladas, pues, desde siempre, la identidad de la mujer se ha fundado sobre la maternidad. Aunque ahora las mujeres pueden optar por un destino distinto al de procreadoras o criadoras, la presión que se ejerce sobre ellas sigue siendo la misma. Según explica Monique Bydlowski, «para una mujer joven, el nacimiento de un hijo supondrá una presión social y familiar, además de una presión laboral despiadada con las carreras femeninas».[23] La mujer está implicada físicamente en la gestación y, psíquicamente, en la tarea de identificarse con su propia madre, reactivar

---
23. Monique Bydlowski, *op. cit.*

su pasado, transmitir su memoria y mostrar su gratitud (una deuda contraída con la vida). El deseo consciente y el inconsciente se entrecruzan y las dificultades de la fecundidad suelen quedar encriptadas en este desfase entre lo consciente y lo inconsciente. En el contexto actual, la mujer también se mueve en una dinámica profesional muy exigente. Como dice la doctora Sylvie Epelboin,[24] la mujer es atacada por el «síndrome del siglo XXI», «espera a tener una seguridad afectiva y profesional antes de procrear, pues está convencida de que su juventud será eterna. Sin embargo, esto no es más que un engaño». Con frecuencia, la mujer decide tener un hijo en el último minuto, cuando su reloj biológico le recuerda que no conservará su fertilidad eternamente. Este oscuro secreto del deseo femenino será el portador de todos sus sueños; el maravilloso bebé que llegará será quien hará realidad sus deseos, quien reparará todos sus errores y quien rellenará todos los agujeros.

Palabras de hombres

Con frecuencia, los hombres no explican del mismo modo que las mujeres sus deseos de tener hijos. Esta diferencia se debe a un tema cultural, pero también a las dimensiones personales y relacionales. Sea por la razón que sea, el hombre pocas veces se deja llevar por la espontaneidad y la ligereza. Considera que cuando la mujer le habla de sus sueños, de sus fantasías, de sus deseos, no lo hace con la intención de que se hagan realidad en el instante, sino más adelante, en el futuro. En cambio, las palabras que formulan los hombres son un reflejo de su posición, pues las

---
24. Entrevista en *L'École des parents*, febrero-marzo 2003.

pronuncian después de haber analizado todos los argumentos «a favor» y «en contra».

Cuando, en una publicidad del año 2003 de varios países europeos, un hombre propone a su «compañera» que se haga una prueba de embarazo después de dos días de unión (con preservativos), ella lo toma por loco y él responde: «¡Tengo todo el derecho del mundo a soñar!». Su objetivo principal es tener pronto muchos hijos para poder comprarse un precioso coche familiar, lo que a los ojos del mundo no es una motivación adecuada. Además, parece que desee tener hijos con quien sea, unos niños que serán una excusa y que podrán ocupar el asiento posterior de su nuevo vehículo.

El hombre que sueña e intenta compartir este sueño parece haber perdido la razón. Por lo general, a los hombres no les resulta sencillo expresar su deseo de tener hijos. Tienen que controlarse y elegir con discernimiento sus palabras, el momento de pronunciarlas y el contexto, de forma que no haya lugar para ambigüedades.

Las fórmulas clásicas son simples: «¿Y si tenemos un hijo?» o «¿No crees que este es un buen momento para...» o, incluso, «Como ya hace tiempo que nos conocemos, quizá podríamos...», unas palabras que con frecuencia van acompañadas de un gesto incómodo, un silencio, que el hombre aprovecha para observar la reacción de su pareja.

Estas palabras están cargadas de significado, pues el hombre está dando a entender que cree en la solidez y en el futuro de su relación. Con frecuencia, cuando plantea estas cuestiones, lo hace adoptando una forma de hablar infantil, como el niño que pregunta a sus padres sobre las cuestiones más imprevisibles.

Además de la importancia del tema abordado, estas palabras suelen contener de forma implícita diversos elementos sobre la relación. Por lo tanto, ambos protagonistas pueden captar el mensaje oculto de: «Esperaba que fueras tú la primera en hablar», o bien: «Te estoy demostrando que cuento contigo y con nuestra relación».

Una vez pronunciadas estas palabras, los amantes se dan cuenta de que acaba de llegar un momento crucial en su relación, uno de aquellos a los que pronto volverán a hacer referencia, un momento clave que permitirá que cada uno de ellos se inscriba en la historia. ¿Qué responderá ella? ¿Qué gestos hará? ¿Se mostrará sorprendida, dichosa, sosegada o agobiada?

Las costumbres han cambiado y los códigos han dejado de estar fijos. Ya no es el hombre quien toma de forma sistemática la iniciativa en la sexualidad, ni tampoco es la mujer quien plantea de forma sistemática, el tema de los hijos. Por ello, el hombre puede sentirse torpe, confuso, desairado y, en ocasiones, conmovido. La expresión masculina del deseo de tener hijos puede ser indirecta o realizarse mediante pequeños gestos, como aquella mirada dulce que dedica a todos los bebés que pasean por la calle o aquel comentario sobre el embarazo de una amiga.

> Román llega a casa por la tarde y describe su jornada a Olivia: «Hoy he acompañado a Arnaldo a visitar un piso y se me ha ocurrido que también nosotros podríamos buscar algo más grande. Estaríamos más cómodos con una habitación más. De este modo tendríamos un cuarto de invitados que, más adelante, podría ser la habitación del bebé… ¿Qué opinas?».

Como la pregunta incide en diferentes propuestas (el traslado, la habitación de invitados, el niño), Olivia tiene diferentes opciones y puede limitarse a responder: «¿Realmente podemos permitirnos algo más grande?» u optar por algo más cariñoso como: «¡Nunca me habías dicho que querías tener un hijo!».

También es posible que opte por hacer algún comentario sobre la forma y no sobre el fondo, como: «No es el momento de hablar de esto; ya sabes que tengo mucho trabajo», o: «Sólo intentas compensarme por la discusión de ayer (que fue culpa tuya)».

Del deseo del hombre y la mujer al deseo de la pareja...

En la actualidad, ya no es la pareja de Antonio y Ana quien anuncia el nacimiento del pequeño Juan, sino el pequeño Juan quien hace saber a los demás que ha llegado al hogar de Antonio y Ana y que «sus papás están muy contentos». Se trata de un acontecimiento muy importante, pues con su llegada el niño pasará a ocupar la posición central de la familia. Además, el único vínculo indisoluble es el de la filiación.

Decidir *crear* un hijo (y no *tener* un hijo) implica eliminar de forma voluntaria el estatuto de hombre y de mujer, elementos singulares de la pareja, para convertirse en «los padres de...», una etiqueta que se conservará durante largo tiempo. También implica que la función de la paternidad en términos de responsabilidad a largo plazo, renuncia y, en ocasiones, pérdida de identidad, se ha tomado de forma consciente. Muchos «adulescentes» (o treintañeros) son reacios al compromiso porque desean dejar la puerta abierta al nomadismo y a los cambios de profesión, casa, ciudad y compañera. Sólo el nacimiento de un hijo los convertirá en seres sedentarios, les asignará una especie de residencia fija, los obligará a ganarse la vida y a limitar sus escapadas y les hará preferir quedarse en casa que salir de excursión.

Estos jóvenes adultos, la primera generación de padres divorciados, se muestran bastante desilusionados ante la noción de pareja. En la película *Las invasiones bárbaras*, de Denys Arcand, Gaëlle, la compañera del hijo de Rémi, se niega a decir «Te amo». En su opinión, la vida no se construye a partir del estado de ánimo de los cantantes populares. Está escarmentada por el pasado (sus padres se divorciaron cuando tenía tres años y recuerda cómo se le rompía el corazón cada vez que dejaba a uno para estar con el otro), de modo que ha decidido no usar esta «gran palabra» *(amor)* para calificar su relación sentimental, pues considera que sólo así podrá hacerla durar.

Hoy las parejas se forman sin formalidad ni solemnidad. El amor ya no se «declara». Ahora, los miembros de la pareja se conocen, «salen juntos» y la primera mañana suele ser temible.[25] Sólo hacen balance después. Por lo tanto, en el momento en que se forman dichas parejas, el deseo de tener un hijo está fuera de todo propósito. Este llega después de que la pareja se estabilice y a condición de que ambos cónyuges renuncien a la inestabilidad. Además, la decisión de tener un hijo suele dar lugar a la decisión de contraer matrimonio. Las estadísticas muestran que el 50 % de los niños nacen fuera del matrimonio y que las parejas no se casan hasta después de tener a su primer hijo o al segundo. Por lo tanto, el momento en que se plantea la posibilidad de tener descendencia es crucial, sobre todo porque se sitúa en la intersección de la voluntad que tiene cada uno de los miembros de la pareja de perpetuar su unión.

Por experiencia, los jóvenes saben que la pareja es frágil y lo asumen. Saben amar y también saben vivir «libres juntos».[26] ¿Pero saben vivir en pareja cohabitando? Esto es

---

25. Jean-Claude Kaufmann, *Premier matin*, Armand Colin, 2002 (trad. esp.: *La mañana siguiente: cómo nace una historia de amor*, Gedisa, 2003).
26. François de Singly, *Libres ensemble*, Nathan, 2000.

mucho más arriesgado, pues cada uno debe compartir un territorio, una intimidad y su libertad con otra persona diferente y complementaria. El proyecto de tener un hijo cobra mayor gravedad, pues implica hacer frente a sus respectivos deseos y adoptar una dinámica de transmisión; introducirse en una historia, hacerla propia y dar continuidad a dos linajes. Por lo tanto, no resulta difícil hacerse una idea de lo perturbador que resulta este proyecto antes de que se convierta en una decisión. Es necesario reflexionar a dos voces y dos veces. Se trata de un asunto muy serio sobre el que «no se puede bromear».

Conciliar ambos deseos

Muchas parejas consideran que, para tomar la decisión de concebir un hijo, es preferible que el deseo sea simultáneo y similar. De forma ideal, ambos deberían formular el deseo de tener un hijo al mismo tiempo y en los mismos términos, pues, en caso contrario, se produciría un desfase y surgiría el sentimiento de que uno de ellos habría tenido más interés que el otro en esta decisión. Esto podría dar lugar a reproches y resentimientos. Sin embargo, *sinergia* y *simetría* no son palabras sinónimas. El hecho de formular un deseo no significa que este acabe de nacer, pues suele transcurrir cierto tiempo antes de que uno de los cónyuges se atreva a pronunciar estas palabras tan comprometedoras, y, por lo general, quien se aventura a pronunciarlas lo hace porque siente que su compañero está dispuesto a escucharlas o a hablar del tema. No es necesario que los miembros de la pareja sean idénticos en esta capacidad de encontrar el momento oportuno para formular la propuesta, pero sí que deben ser complementarios para escucharla, comentarla y hablar al respecto. Lo esencial no es saber a quién atribuir

El deseo del hijo y la espera

la paternidad de este deseo, sino cómo compartirlo para que se convierta en un deseo común.

Los conflictos que surgen suelen residir en la razón por la que se desea tener un hijo. En ocasiones, uno de los cónyuges tiene en mente al hijo que desea, debido a una «cuenta pendiente» que tiene con su pasado, con aquello que no ha podido ser o en lo que le han impedido convertirse. Este padre (o madre) desea, ya desde que nace, que su hijo sea un gran músico o un deportista de élite, un deseo imperioso que pocas veces tiene en cuenta la voluntad del otro progenitor y sus críticas. De este modo, se cierra una puerta fusional entre Pigmalión y su creación, a quien suele complacerle ser privilegiada y consentida. Con más frecuencia, la rigidez de este proyecto, las restricciones que requiere para su puesta en práctica y, sobre todo, el ambiente disciplinario que impone producen la ruptura entre ambos cónyuges. Dicha ruptura suele ser precoz, debido al aislamiento de uno de los padres y a la relación exclusiva y fusional que se establece entre el adulto «apasionado» y su doble.

En ocasiones, el niño se deja llevar por esta locura, decide entrar en el juego y se convierte, si dispone de la capacidad necesaria, en un gran pianista o en un campeón de golf o de tenis. Sin embargo, con más frecuencia, el adolescente y la razón rompen en pedazos el sueño de grandeza y también la relación…

La ausencia de palabras y comentarios, el no preguntar al otro sobre su estado de ánimo, intensifica aún más el riesgo de conflictos.

Gustave Flaubert describe dichas diferencias en *Madame Bovary* (1857), en la pareja formada por Emma y Charles Bovary. De su deseo de tener hijos no cabe ninguna duda. La luna de miel ha finalizado y la esperanza de la pasión se ha disipado. Madame Bovary pone en orden sus asuntos y se despide de su ramo de novia. Flaubert simplemente anota: «Cuando salieron de Tostes, en el mes de marzo, madame Bovary estaba embarazada».

Más adelante, Charles Bovary está angustiado porque los clientes no llegan.

> Entonces surgió una preocupación mejor que logró distraerle, el embarazo de su esposa. A medida que la fecha se aproximaba, él le dedicaba más mimos. Se había establecido un nuevo vínculo de carne, el sentimiento continuo de una unión más compleja. Cuando la veía de lejos con su andar perezoso y una talla que aumentaba lentamente sobre sus caderas sin corsé, cuando la contemplaba de cerca y advertía que ella, sentada, adoptaba poses fatigadas en su sofá, se sentía incapaz de contener su felicidad. Entonces se levantaba, la abrazaba, pasaba las manos por su figura, la llamaba mamaíta, intentaba hacerla bailar y recitaba, entre risas y lágrimas, todas las galanterías tiernas que tenía en su corazón. La idea de haber engendrado lo deleitaba. En el momento presente, su vida estaba completa. Conocía la existencia humana desde hacía largo tiempo y se apoyaba sobre ambos codos con serenidad.
>
> Emma sintió primero un gran desconcierto, pero pronto empezó a desear que llegara el parto para saber qué era aquello de ser madre. Al no disponer del dinero necesario para comprar lo que deseaba, una cunita con un dosel de seda rosa y capillos bordados, renunció a su ajuar en un ataque de amargura y encargó a una obrera del pueblo que se ocupara de todo. Decidió no intervenir en estos preparativos de los que tanto disfruta la ternura de una madre, así que es posible que su afecto, desde el mismo principio, quedara algo atenuado.
>
> Sin embargo, como Charles le hablaba del bebé durante todas las comidas, Emma pronto empezó a pensar en él de una forma más continuada.
>
> Emma deseaba tener un niño, que sería fuerte y moreno y al que llamaría Georges. Este varón sería, a la vez, la venganza y la esperanza por todas las dificultades del pasado. El hombre tiene

libertad, puede recorrer las pasiones y los países, salvar todos los obstáculos y experimentar todo tipo de felicidad, por lejana que sea. Una mujer, en cambio, se ve obstaculizada continuamente. Inerte y flexible a la vez, tiene en su contra la suavidad de la carne y la subordinación a la ley. Su voluntad, como el velo de un sombrero retenido por un cordón, ondea con todos los vientos, entrañando siempre algún deseo y reteniendo siempre alguna conveniencia.

Emma dio a luz un domingo, hacia las seis de la mañana, mientras amanecía.

—¡Es una niña! —dijo Charles.

Ella le dio la espalda y se desmayó.

Flaubert, en apenas una página, confirma el foso que existe entre Emma y Charles. Cada uno vive el embarazo a su modo, sin preocuparse del vínculo que podría reunirlos. Charles está en su burbuja, aceptando aquello que la vida le depara. Emma está en la suya, en cualquier otro lugar. Para ellos, la concepción, el embarazo y la vida de su hija no son un proyecto común. Es una alegría no compartida para uno de ellos y una esperanza que se ha apagado, una obligación y una decepción para el otro.

No cabe duda de que no es el bebé quien los aleja, sino un embarazo que no hace más que reforzar el muro de incomprensión que se alza entre ellos. Emma se siente insatisfecha, pues es incapaz de hablar y ser comprendida, sobre todo porque lo tiene todo para ser feliz: un esposo que la ama y la colma de atenciones y, más adelante, una hermosa hija a la que no debería faltarle nada.

¿Y un segundo?

Plantearse un segundo embarazo hace que surjan nuevas preguntas, pues la experiencia del primero sigue viva, al igual que la consciencia real de lo que representa el nacimiento de un bebé. Suele ser la mujer quien experimenta una falta de deseos de tener un segundo hijo. Involucrados en la paternidad, los hombres pocas veces se sienten tan desbordados después del nacimiento de su primer hijo como para no desear un segundo, sobre todo porque su vida profesional no se ha visto transformada. En cambio, la mujer lo ha sufrido en su cuerpo. Algunas, las que han pasado meses en la cama antes de dar a luz de forma prematura, exclaman: «¡Nunca más!», y más de la mitad de aquellas que dieron a luz con la ayuda de fórceps o mediante cesárea también se lo cuestionan, al menos durante un tiempo.

Después del nacimiento de Julia, Marta deja de tener encuentros sexuales con su marido. La relación fusional que mantiene con su hija la absorbe por completo, incluso duerme con ella, excluyendo así a Lorenzo, quien pasa las noches solo sin dejar de pensar. La pareja no se ha convertido en un trío. Ya no hay espacio para el deseo de un segundo hijo, ni tampoco para la pareja.

Valeria ha dejado atrás un parto terrible y un embarazo en el que las náuseas y los vómitos han sido los protagonistas. Los primeros días todo va bien, pero de pronto se abre un agujero negro. Valeria no come, no duerme, no se interesa por el niño, tiene pensamientos negativos y pierde diez kilos. Muchos creen que es sólo la tristeza puerperal, pero en realidad se trata de una verdadera depresión posparto que requiere que el niño sea confiado a la abuela. Valeria se siente incompetente, inepta y culpable. Cuando se recupera, decide firmemente no volver a repetir la experiencia, aunque se arriesgue así a perder a su compañero.

Las consideraciones suelen ser múltiples y el orden de los argumentos muy distinto. Por lo general, las parejas consideran que el espacio entre dos embarazos está regulado por la madre. Es ella quien está fatigada y quien debe enfrentarse a ciertas limitaciones profesionales que dependen de las ayudas que recibe y de las que recibirá en el futuro. También es ella quien conoce sus afectos y su capacidad de enfrentarse a un alejamiento con el hijo mayor. El hombre se contenta con expresar su opinión sobre el tiempo que le gustaría que se llevaran ambos hermanos, las dimensiones económicas y el sexo que le gustaría que tuviera el segundo. Con frecuencia, estos últimos argumentos son motivo de discusiones y debates.

De forma consciente o inconsciente, también se ponen de relieve los modelos familiares de cada uno, sus hermanos y aquello que desean reproducir (o no) en función de sus recuerdos.

Muchos hombres consideran decisivos los argumentos que suelen emplear las madres. El clásico «No sé si en este momento tengo amor suficiente para dos; no sé si seré capaz de repartirlo» hace referencia al periodo fusional con el primer hijo. El hombre no sabe cuándo terminará este ciclo o si debe insistir para que concluya, pues le han repetido una y mil veces que debe imponerse y triangular la relación madre-bebé.

En ocasiones, este paso se realiza de forma violenta. En una discusión sobre «tener un hijo o no tenerlo», resulta difícil llegar a un consenso, pues, desde el momento en que uno de los miembros se muestra tajante, no existen más opciones.

> Estrella es la mayor de cuatro hermanas.[27] De su infancia y adolescencia guarda el recuerdo de las disputas, las riñas y la rivalidad constante que había entre ellas. Y también con su madre, que le impedía acercarse a su padre. Además, al ser la mayor,

---

27. Véase Julie Aussenberg, Suzanne Czernichow y Bernard Geberowicz, *Violences familières*, Syros, 1994.

siempre le obligaron a ocuparse de sus hermanas. En cuanto pudo, abandonó el hogar familiar.

Vicente es el hijo pequeño de una familia que podría describirse como banal y sin historias: dos hijos, primero una niña y después él. El padre es quien toma las decisiones y la madre se ocupa de llevar la casa.

Estrella y Vicente se conocen y se enamoran. Deciden irse a vivir juntos y, cuatro años después, se plantean tener un hijo. No recuerdan quién fue el primero en sacar el tema, pero ambos están de acuerdo en que les gustaría que fuera un niño.

Él desea un hijo por cambiar, no porque tenga una razón de peso. Ella, porque cree que no podrá querer a una hija. Teme ser una mala madre, que puedan surgir rivalidades indeseadas con su hija y que esta mantenga una relación muy estrecha con Vicente, pues entonces se sentiría excluida y celosa.

La ecografía confirma que, para ellos, la fantasía se ha hecho realidad. Albano tiene hoy cinco años.

Tres años después, surgen conflictos entre Vicente y Estrella. Están de acuerdo en tener un segundo hijo, pero las posiciones se han vuelto más rígidas.

Él desea una niña con el mismo anhelo con el que ella se opone a esta eventualidad.

«Me siento incapaz, explica ella. No comprendo que Vicente continúe exigiéndomelo. Nos estamos precipitando hacia la catástrofe. Cuanto más le explico que nunca lograré amar a una niña, más desea él tenerla. Este es el único punto en que divergimos. Hace dos años me quedé embarazada y quise saber enseguida si sería niño o niña. La ecografía no lo revelaba con claridad, de modo que me puse muy nerviosa y tomé la decisión de abortar sin consultarlo con Vicente. Reconozco que mi reacción fue algo demencial y que atentó a su libertad. Pero no había simetría posible. Es en mi cuerpo donde ocurre todo esto y él no puede hacer nada al respecto...».

Después de este aborto, Vicente se volvió irritable, exigente y obstinado, y decidió instaurar en el hogar un régimen que favoreciera la llegada de una hija. Estrella se sometió, pero no así su cuerpo. Ningún embarazo se perfilaba en el horizonte.

Un año después, ambos decidieron detener esta escalada en su crisis de pareja. Les convenía una pausa, respirar hondo y prestar más atención a Albano. Unas semanas más tarde, Estrella quedó embarazada y, después de ver la ecografía, ambos eligieron el nombre de Bertrán para su segundo hijo.

Según el modo en que la pareja dirija estos meses de conflicto, la historia se escribirá de un modo o de otro. ¿Por parte de Vicente habrá «represalias», conscientes o inconscientes? Es posible que el día del parto se sienta desplazado o que se sienta unido a Albano pero sea incapaz de acercarse a Bertrán. Se ha sentido traicionado y está resentido con su esposa, tanto por su superioridad (por ser mujer y participar directamente en el mundo de los niños) como por haber utilizado su fragilidad como argumento irrebatible, pues él sólo tenía sus deseos y sus sueños para oponerse. Considera que habría sido más justo que la mujer hiciera los niños y el hombre eligiera su sexo. Esta pareja ha decidido formar una familia, crear hijos que se parezcan a ellos; sin embargo, los cónyuges se expondrán al fracaso si son incapaces de planear juntos este proyecto común. Cada uno desea un hijo que garantice su apuntalamiento narcisista personal y, probablemente, frágil. Si no consiguen escucharse y conciliar sus puntos de vista, si todos los golpes parecen estar permitidos, cada uno de ellos se sentirá resentido con el otro porque considerará que abusa de su poder.

Bloqueos y rechazos

Con frecuencia, el deseo nos obliga a cabalgar solos para escapar de la razón y la determinación. La resistencia a la llegada de un hijo se oculta en la noche de la voluntad y en los pliegues de sentimientos inconfesables. Esta resistencia es difícil de admitir cuando se piensa con «normalidad», pero es firme y certera cuando la inconsciencia decide jugar a su propio juego..., un juego que, independientemente de los sufrimientos, conoce bien los accidentes del trayecto, ya sean las infertilidades, los abortos naturales repetidos o las severas depresiones posparto. Dichos obstáculos pueden abordarse y relatarse con palabras, pero, con frecuencia, se analizan como manifestaciones de este oscuro trabajo del inconsciente que revela reticencias ocultas, secretos enterrados y heridas no curadas.

Los bloqueos pueden ser más conscientes. Cuando las parejas son demasiado «mixtas» y los cónyuges proceden de culturas muy distintas o de historias familiares asimétricas, el proyecto del niño se cristaliza y en ocasiones hace que cuajen las diferencias. Los conflictos de lealtad aparecen en el horizonte. En la película de Ken Loach de 2004 *Sólo un beso*, ¿qué educación recibirá el futuro hijo de esta profesora católica irlandesa y este musulmán paquistaní, que viven en el país de Gales, entre la hostilidad de ambas comunidades?

También resulta interesante saber cómo se reescribe la historia cuando, después de una larga espera, la situación se desbloquea en el cuerpo de la mujer y ocurre el embarazo.

> Después de un largo viaje de inseminaciones artificiales y fecundaciones in vitro, acompañada siempre de su marido, Natalia decide visitar sola, a escondidas, la consulta de un médico chino del que le ha hablado una amiga. La sesión es larga y se basa en la exteriorización de las energías. Natalia llora, grita y, después de ciertos estiramientos de los dedos de los pies, aúlla la cólera que siente hacia su madre y hacia la mujer de su her-

mano mayor, pues, según ella, ambas le impiden ser madre. Dos meses más tarde, Natalia se queda embarazada y, por lo tanto, tiene una lectura psicológica de «su bloqueo» y una lectura parapsicológica de su desbloqueo, que, además, le ha permitido cumplir su sueño y el de su marido...

Según se dice, es bastante habitual que una mujer quede embarazada justo después de que le sea autorizada la adopción de un niño.

Sin embargo, en ocasiones el rechazo se piensa, se dice y se explica en el seno de la pareja. Por ejemplo, Agnes es modelo y no quiere tener hijos para no perder la figura. En cambio, ciertas feministas intelectuales, como Marguerite Yourcenar o Simone de Beauvoir, no los quieren porque no sienten la necesidad de prologar su feminidad en la maternidad.

3
El embarazo

No es ninguna enfermedad

Ya sea biológico o asistido, el embarazo no es ninguna enfermedad que afecte al cuerpo de la mujer. Sin embargo, aunque no sea un microbio, un virus ni una alergia, modifica profundamente su aspecto físico e incide en su funcionamiento hormonal, en sus ritmos de alimentación y en su sueño. Además, afecta a las funciones circulatorias o de eliminación y comporta una serie de cambios psíquicos. Hoy en día, ningún ginecólogo considera que una mujer embarazada sufra ninguna dolencia que sea necesario «curar»; sin embargo, tampoco le quitará el ojo de encima hasta el día «D» en que Su Majestad el Bebé decida nacer. Tras las felicitaciones habituales, estos nueve meses transcurren bajo un atento control médico, cuyo resultado es el fuerte descenso de la mortalidad perinatal que todos conocemos y una mejora en las condiciones de sanidad y confort durante el nacimiento, además de la seguridad, la prevención de accidentes y la atención posnatal. ¡Cuántos cambios se han producido en cincuenta años!

Hace sólo medio siglo, las mujeres gestaban a sus sucesivos hijos sin consultar a ningún especialista (el médico de familia era más que suficiente), los traían al mundo en sus casas con la ayuda de una partera y el riesgo de morir en el parto distaba mucho de ser nulo. Los médicos estaban todavía relativamente ausentes de los lugares de alumbramiento, donde se vivían historias —y, en ocasiones, dramas— «de mujeres». Los padres también guardaban las distancias, al igual que los abuelos, los tíos y los hermanos. Los únicos hombres que franqueaban el umbral de la habitación eran el médico (cuando era posible avisarlo a tiempo) y el cura, pues en aquella época no había demasiadas esperanzas. En esta aventura misteriosa, la mujer estaba rodeada de otras mujeres, que, cómplices y solidarias, se enfrentaban a un destino que ninguna de ellas controlaba. Madres, hermanas, amigas, vecinas, enfermeras y parteras transmitían sus conocimientos, sus creencias, sus supersticiones, sus miedos y sus recomendaciones (si comes lentejas, «el pequeño» tendrá pelo; si miras espectáculos viles engendrarás un monstruo…). Esta historia se desarrollaba entre mujeres, lejos de los oídos de los hombres. El sexo de la procreación no se confundía con los abrazos de alcoba. Los hombres tampoco participaban en las atenciones que recibían los moribundos. Tanto en la Antigüedad como en la Edad Media, eran las «matronas», esas mujeres ancianas (pues tenían más de cincuenta años), discretas y dotadas de un conocimiento reconocido, quienes «atendían» a la parturienta en su domicilio y prodigaban los primeros cuidados al bebé. Y también eran ellas quienes preparaban para su último viaje a quienes agonizaban. La ropa blanca, la sangre, los estertores…, la vida en su inicio y la vida en su final.

Las comadronas les sucedieron y, de forma progresiva, fueron adquiriendo una formación. En el año 1760, durante el reinado de Felipe IV, se creó la primera escuela de comadronas en el Hotel Dieu de París; sin embargo, hace sólo unos años que los hombres pueden acceder a esta profesión. En la actualidad, el seguimiento del embarazo suele confiarse a los ginecólogos y, más adelante, a los tocólogos (con frecuencia varones), que se encargan del parto ayudados por los anestesistas, quienes empezaron a utilizar la epidural a mediados de los años setenta. Por lo general, el parto tiene lugar en un centro hospitalario.

Hasta tiempos recientes, el universo femenino ha estado repleto de rumores y relatos, más o menos trágicos, que han quedado grabados en las mentes de las futuras mamás. De madre a hija y de hermana a vecina, las mujeres que, en aquel entonces, apenas tenían medios para oponerse al destino, eran depositarias de historias de vida y de muerte, de cuerpos desgarrados por los gritos, de paños empapados en sudor y sangre. El dolor estaba a la orden del día. Los testimonios de las abuelas, las novelas y los cuentos de hadas recuerdan a aquellas jóvenes madres que murieron en el parto después de varias horas (o incluso días) de dolor, y a sus viudos, que se vieron obligados a contraer segundas nupcias con gran rapidez para que su hijo fuera criado por otra mujer.

El sufrimiento que la religión imponía rimaba con el momento del parto. Durante siglos, la memoria de las mujeres fue tejiendo los relatos que todavía están presentes en nuestro inconsciente colectivo. En la actualidad, aunque el avance de la ciencia y la sanidad garantiza una mayor seguridad y una reducción (o eliminación) del dolor, y la mujer puede estar acompañada de su pareja durante el parto, esta aprensión no ha desaparecido. Sin embargo, ahora no se centra exclusivamente en el miedo al dolor y a la muerte. ¿Qué mujer embarazada del siglo XXI no ha vivido momentos de angustia pasajera generados por todo aquello que le han contado los profesionales de la salud, otras madres, las personas de su entorno (los colegas del marido, las amigas de la madre) y los medios de comunicación? La angustia simplemente se ha desplazado. Antaño, la mujer temía la prueba final del «mal feliz»: expulsar al bebé entre alaridos, perderlo o no sobrevivir a su nacimiento. En la actualidad, dicha angustia es compartida por el futuro padre, que se implica desde el primer momento en los rituales de los reconocimientos médicos, las ecografías, la posología y las verificaciones. Ambos comparten el temor a que se descubra una malformación, pues esto obligaría a la pareja a tomar una decisión desgarradora y a renunciar a ese bebé perfecto, imaginado, deseado y cargado ya de todo su patrimonio genético y psíquico, el portador de sus sueños y de las historias de las diversas generaciones de ascendientes.

> En *El Arrancacorazones*, Boris Vian explica con crudeza la angustia maternal primaria, violenta. Clémentine está embarazada, sufre, tiene miedo y se permite verbalizar todas sus ambivalencias. Angel, su marido amante y solícito, pasa los dos últimos meses del embarazo enfermo, bajo la amenaza de un revólver. Desea tener relaciones sexuales con su mujer, pero ella no soporta la idea. Clémentine sufre, pues es él quien tiene la razón, el poder (y el revólver). Angel acepta esta situación, pero siente que su opinión no cuenta, que no puede involucrarse en aquello que tiene que ver con la feminidad y los niños. Sólo una mujer, sólo una madre, lo sabe.

En esta historia se pone de manifiesto el rechazo al marido, la repulsión por el hombre y la exclusión del padre. Es el hombre quien exige la relación sexual y en ocasiones quien la impone, pero la mujer se venga con sus armas. El bebé es su aliado. La culpabilidad se encarga de todo lo demás.

Ya hemos dicho que el embarazo no es una enfermedad, pero sí un estado que va a modificar el aspecto físico y mental de la futura madre. En su interior se está gestando una nueva vida a la que no sólo debe proteger, sino también alimentar. En cuanto se constata que el feto parece tener muchas «ganas de vivir», sus padres, y sobre todo la madre, asumen la responsabilidad de no poner en peligro su vida y proporcionarle todo aquello que sea necesario para que pueda crecer hasta su llegada al mundo.

Salvo por aquellos casos de embarazo psicológico en los que el hombre gana peso y puede incluso sufrir náuseas, la transformación física afecta sobre todo a la mujer. El embarazo se desarrolla en la intersección de representaciones diversas: consejos médicos, discursos de los medios, confidencias de amigas que ya son madres y transmisión entre generaciones. La futura madre se mueve entre los conocimientos científicos y las creencias e influencias populares, además de los consejos de su compañero, que, aunque no lleve encima al bebé, también tiene su opinión sobre aquello que cree que debe hacerse o no por el bien del pequeño.

Ciertas situaciones permitirán que se abra el gran libro de cuentas de los futuros padres: ¿comer por dos?, ¿comer de todo?, ¿tomar un aperitivo?, ¿fumar?, ¿seguir practicando deporte?, ¿hasta cuándo?, ¿tomar medicamentos?, ¿trabajar a jornada completa?, ¿viajar en coche?, ¿ir en bicicleta?, ¿en moto?, ¿coger el autobús? Cada pregunta requerirá una respuesta que apele al sentido común, pues todo dependerá de la persona y de la medida. A una mujer embarazada le desaconsejan saltar en paracaídas o fumar dos paquetes de cigarrillos al día, pero no le prohíben llevar una vida tan normal como el embarazo le permita; es decir, debe seguir disfrutando de los placeres de la vida, sin asumir riesgos exagerados. Todos conocemos bebés espléndidos cuyas madres han practicado el esquí o la bicicleta hasta los seis meses de embarazo o han bailado *rock* hasta el amanecer en Nochevieja.

Tras las advertencias del compañero y las reacciones de la futura madre se esconde un diálogo hombre/mujer sobre el niño que va a nacer y su relación de pareja. El futuro padre intenta ocupar su lugar e indicar que también él tiene voz en este capítulo, al menos en lo que concierne al feto instalado en el vientre de su compañera. Ella, que lo está viviendo en sus carnes, está poco dispuesta a renunciar a su libre albedrío, pues, al fin y al cabo, su cuerpo es el principal afectado. No desea que la consideren una herramienta, una fábrica de bebés ni un nido. ¿Por qué debería dejar de practicar deporte si se siente en plena forma? ¿Por qué debería renunciar a la sangría del día festivo si el futuro padre no cambia ninguna de sus costumbres?

Con más frecuencia, la mujer está tan orgullosa de llevar un bebé en su interior, de «ser los dos sólo uno», que decide imponerse regímenes y restricciones que su compañero no comprende. Este se pregunta por qué ha anulado el viaje previsto para el verano si no está enferma o por qué se tumba nada más llegar del trabajo. Un «intruso» viene para imponer la ley en su hogar y entrometerse entre su mujer y él. Ella prefiere al bebé. Ella ya no quiere salir tanto como antes. Ella tiene hambre cuando él quiere dormir. Ella pasa horas enteras al teléfono, hablando con su madre o con sus amigas. Cada uno tiene necesidades y deseos que no se corresponden forzosamente con los del otro.

Ambivalencias, angustias, anticipaciones, supersticiones

El embarazo es una época de maduración. El embrión se convierte en feto y la mujer desarrolla su instinto maternal. El hombre tendrá que esperar a convertirse en padre. Sí, no cabe duda de que son estereotipos, pero se corresponden con frecuencia con la realidad. Y, una vez dicho esto, cabe añadir que no cubren el conjunto de la realidad.

«La mujer nace madre, el hombre se convierte en padre». Este aforismo, a pesar de estar fuertemente inscrito en la mente de los futuros padres, puede alejarlos al uno del otro y hacer que sus diferencias se vuelvan más rígidas. Algunos asumen que es la mujer quien tiene más legitimidad en su posición de futura madre. Es ella la que sabe, pues es ella quien lleva al niño en sus entrañas y quien lo va a traer a este mundo (con el sufrimiento).

Por lo tanto, el embarazo es un periodo que no debe reducirse a aforismos.

Durante los meses de embarazo hay múltiples ocasiones para aproximarse y ser más complementarios o, al contrario, para intensificar las diferencias y aumentar las distancias.

El embarazo es un periodo que suele estar cargado de ambivalencias. Aunque las vivencias de las mujeres embarazadas siguen siendo un tabú, los psicólogos que trabajan en las maternidades son conscientes de que la mayoría de las futuras madres tienen pensamientos contradictorios. Aunque están satisfechas de haber engendrado una nueva vida, no se sienten eufóricas en todo momento. De hecho, tienen sentimientos negativos con respecto al bebé y su pareja, tienen muchas dudas y les angustia la idea de la muerte. Son las protectoras del bebé, pero también se sienten invadidas por él.

La extrañeza del primer trimestre es indudable y está marcada por el contraste que existe entre la intensidad de lo que ocurre en su interior y la impresión de que no se percibe nada desde el exterior. Según el modo en que cada uno de los cónyuges viva este periodo, podrán abrirse grandes distancias o, al contrario, producirse grandes acercamientos.

Tengo unas ganas espantosas de ser mamá —explica una treintañera dinámica y muy independiente, escogiendo inconscientemente unas palabras que reflejan la ambigüedad de sus sentimientos.

Un síntoma tan banal como los vómitos del primer trimestre (que en ocasiones se prolongan) puede ser muy molesto para la mujer, pues afecta a su vida cotidiana. Sin embargo, este periodo ha tardado largo tiempo en ser analizado desde el punto de vista de la ambivalencia. Del mismo modo que han tenido que pasar muchos años para que se reconozca la «tristeza puerperal», la historia del embarazo siempre ha estado teñida de rosa: la mujer se siente madre desde la concepción y su dicha es indiscutible. No obstante, es necesario reconocer que el embarazo es una época psíquicamente delicada y que las futuras madres tienen sentimientos enfrentados. Ser conscientes de esta realidad, tener el derecho y la libertad de evocar el conjunto de emociones que sienten, ya sean «positivas» o «negativas», permitirá que las mujeres se sientan menos culpables y que los hombres comprendan mejor qué pasa por la cabeza de sus compañeras. Negar o rechazar estos sentimientos será el germen de desacuerdos futuros. Rodeada de discursos eufóricos que no se atreve a contradecir, la futura madre puede sentirse incomprendida y su compañero puede sentirse molesto porque no se muestre tan optimista como a él le gustaría.

Son múltiples las situaciones que pueden comportar discrepancias, rencores y resentimientos. Ciertos momentos intensos y dolorosos pueden quedar grabados en la memoria y convertirse, más adelante, en señales que anuncien conflictos recurrentes: «Podría haberme dado cuenta de que nunca cambiarías», o: «Entonces fui consciente de que no podría contar contigo»…

La pareja, si existe como tal, se enfrenta a una crisis estructural y de desarrollo. Se ve amenazada por el nacimiento de la familia. El cambio es inevitable. El individuo, que ya ha cambiado al convertirse en un miembro de la pareja, ahora debe adaptarse de nuevo para formar parte de la familia. Se trata de un movimiento complejo que con frecuencia se elige de forma voluntaria. «Me uno de forma voluntaria a la familia que deseo crear, después de haberme separado, con dificultad y de forma más o menos voluntaria, de mi familia de origen».

Las fronteras de la intimidad

Con el embarazo, la pareja vuelve a tener que enfrentarse a una cuestión compleja: ¿cuáles son las fronteras de su intimidad? Ambos no las sitúan necesariamente en el mismo lugar ni las consideran igual de inquebrantables. Las intrusiones no tienen la misma importancia para cada uno de ellos, ni tampoco las mismas consecuencias.

¿Cómo tener en cuenta las inquietudes, angustias y supersticiones del otro? ¿Cómo compartir las propias? ¿Cuándo empezar a hacer planes?

Algunos se permiten imaginar, soñar y proyectarse en el futuro en cuanto la prueba del embarazo es positiva o en cuanto aparecen los primeros síntomas. Otros, que saben que existen los abortos naturales y temen las desilusiones, prefieren esperar al segundo trimestre antes de permitirse soñar juntos. Hay quien considera que mostrarse demasiado confiado puede ser perjudicial. Además, durante este periodo pueden surgir rasgos de carácter insospechados. Por ejemplo, uno puede mostrarse muy angustiado y el otro puede creer que el simple pensamiento (deseo, fantasía) basta para que se haga realidad el proyecto o para que se desvanezca en el aire. Otros piensan que todo conflicto puede ser perjudicial para el embarazo y para el bebé, de modo que deciden definir las prioridades: el niño debe recibir todos los privilegios necesarios, la madre debe ser protegida y la pareja no debe ser sacrificada.

Es necesario compartir estas creencias e inquietudes para que cada uno de los cónyuges comprenda los deseos y temores del otro. De este modo, podrán ser evocados, criticados y debatidos, y algunas bombas de relojería podrán ser desactivadas antes de que estallen.

Las discusiones comienzan en el mismo instante en que se conoce la gran noticia: ¿la anuncian ahora o es mejor esperar un poco? Muchos deciden aguardar un tiempo prudencial, sobre todo si el embarazo se ha hecho esperar, para no dar esperanzas a los seres queridos que podrían sentirse decepcionados si las cosas fueran mal. O lo hacen para permanecer juntos en el capullo de este secreto amorosamente guardado. Consideran, y no suelen equivocarse, que una vez divulgada dicha información, se encontrarán en el centro de una vorágine bienintencionada pero fatigante.

Pueden surgir problemas si este secreto que han decidido no desvelar, por ejemplo hasta la ecografía, es revelado por uno de los futuros padres. Ella no puede resistirse y se lo cuenta a su mejor amiga, pidiéndole que sea una tumba: sin embargo, la amiga es indiscreta y el rumor llega a oídos de él, que se siente desconcertado y furioso. En ocasiones, es él quien se lo confía a un miembro de su familia y se limita a recordarle a ella, con toda la mala fe del mundo, que con esa persona nunca ha habido secretos. La burbuja que les rodea se agrieta. En ocasiones, esta «traición» de la intimidad determina el origen de las catástrofes, el inicio de la pérdida de confianza y el sentimiento de estar solo en la relación.

La sexualidad durante el embarazo

La sexualidad es y no es un problema durante el embarazo. Depende de lo siguiente:

— de la importancia que conceda la pareja a la sexualidad para su equilibrio;
— de la riqueza de su relación, aparte de la sexual, y de su capacidad para estar bien juntos;
— del momento en que se produzca el embarazo (si consideran que ha llegado en el momento oportuno, se adaptarán con mayor facilidad que si creen que se ha producido demasiado pronto;
— de la rapidez con la que se produzca el embarazo una vez se haya tomado la decisión de tener un hijo: si no ha tardado en producirse, la sexualidad cambiará menos que si ha tardado demasiado, pues en este caso la pareja se habrá centrado en el calendario del ciclo genital femenino. Estas parejas suelen comentar que, como el hecho de hacer el amor está muy unido a la concepción, aparece una falta de espontaneidad y les resulta difícil disfrutar de este acto en el que depositan todas sus esperanzas.

• El 40 % de los hombres cambian su forma de hacer el amor.
• El 2 % de los hombres no hacen el amor.
• El 1 % de los hombres tiene problemas de erección.
• El 15 % de los hombres que disfrutaban de una sexualidad abierta tienen eyaculaciones prematuras «para no molestar».
• El 35 % de las parejas dicen tener una sexualidad más abierta.

Según el doctor Marc Ganem.[28]

---

28. Marc Ganem, *La Sexualité du couple pendant la grossesse*, Filipacchi, 1992.

Cada uno se siente responsable del éxito del proyecto, pero la seriedad del acto sexual centrado en la reproducción es perjudicial para el cuerpo y el espíritu. En la actualidad, muchos consideran que hacer el amor es una actividad de juego, de descubrimiento y de placer, de modo que el acto debe ser espontáneo.

Cuando se produce el embarazo después de un largo viaje por las técnicas de reproducción asistida, la sexualidad tarda cierto tiempo en recuperar su espontaneidad, pues las dificultades vividas no hacen más que reforzar aquellas preocupaciones relacionadas con la fragilidad (real o supuesta) del feto, el embarazo que se debe proteger a toda costa y la precariedad del estado de salud de la mujer. Por otra parte, hay hombres que consideran que la sexualidad debe proseguir para que el niño sea más fuerte, pero pueden chocar con el rechazo o las reticencias de su pareja si esta teme que la unión sexual sea contraproducente. Y lo mismo ocurre a la inversa.

Además, esto también depende del modo en que cada uno perciba al otro. Según una encuesta de CSA/*La Vie*, realizada en mayo de 1996, el 44 % de los hombres ven a las mujeres embarazadas más alegres, el 36 % las ven más bellas y el 30 % las consideran más frágiles; además, ninguno de los encuestados las ven más feas.

Sin embargo, no cabe duda de que la cuestión planteada es muy distinta a la del deseo. En este punto, la ambivalencia también existe. En ocasiones se siente repulsión. ¿Cómo abordar este tema? ¿Qué métodos de seducción utilizar durante el embarazo?

Es obvio que las repuestas a estas preguntas dependerán de la complicidad que exista en el seno de la pareja y de la capacidad de intercambiar sus puntos de vista con tacto pero sin maquillaje. También es necesario ser consciente de que el embarazo se desarrolla en diferentes fases, tanto para uno como para el otro. En ciertos momentos, el deseo sexual será intenso y la mujer dará rienda suelta a su fantasía, sorprendente por inhabitual, a una sexualidad casi animal que le permita olvidar su estado «fecundo»; en otros, sentirá deseos de un contacto más tierno que demuestre que su pareja la sigue considerando una amante y no una «futura madre».

Las mujeres se intercambian consejos y comparten sus inquietudes. Tanto las revistas femeninas como los foros de discusión de Internet consagrados a la maternidad retoman aquellas cuestiones que se plantean con tanta frecuencia: «Mi marido no me toca porque tiene miedo de hacer daño al bebé. ¿Hasta qué semana se puede hacer el amor?». Con frecuencia, los hombres evitan las relaciones sexuales debido a los fantasmas, reales o alegados, del peligro de la penetración o el riesgo de que se produzca un contacto entre el esperma y el feto. La respuesta más frecuente que reciben estas mujeres es que inviten a su pareja a acompañarlas a la consulta del ginecólogo para que el especialista les confirme que las relaciones sexuales son inocuas para el bebé.

Este es un ejemplo de los mensajes que pueden leerse en un foro de Internet:

MENSAJE DE X: Estoy embarazada de ocho meses y medio y, desde que el bebé empezó a moverse (4-5 meses), mi compañero no quiere hacer el amor. ¡Dice que es como si fuéramos tres y que el bebé nos verá hacerlo! Entiendo que la idea le incomode, pero me siento inquieta. Supongo que a otras futuras madres les habrá ocurrido lo mismo. ¿Alguien podría aconsejarme? ¿Y explicarme cómo se recupera la sexualidad después del parto?

RESPUESTAS DE OTROS MIEMBROS:
— A: «Comprendo que tu compañero no desee hacer el amor desde que el bebé empezó a moverse porque supongo que es

vuestro primer hijo y no se da cuenta de que tu vientre lo protege y no puede causarle ningún daño. El bebé no ve ni tampoco siente. Además, el esperma no puede entrar en contacto con él. Te animo a que le digas esto y que vayáis juntos al ginecólogo para hablarlo. ¡Ánimo! Recuperar la sexualidad después del parto en ocasiones resulta difícil, pero no es doloroso. De hecho, es como durante el embarazo, pues unas veces la mujer siente más deseos que el hombre y otras ocurre a la inversa. Por lo general, la sexualidad vuelve a la normalidad en cuanto te recuperas del parto; es bastante peligroso hacer el amor durante ese periodo porque puedes volver a quedarte embarazada. Por lo tanto, si realmente tienes ganas, usa protección. ¡Besos!».

— B: «Deberías convencer a tu pareja de que te acompañe al ginecólogo, pues este le explicará que las relaciones sexuales no suponen ningún peligro e incluso son beneficiosas durante el embarazo. Buena suerte...».

Cabe añadir que la sexualidad durante el embarazo no incrementa los problemas sexuales preexistentes. De hecho, es posible que los atenúe. Sin embargo, el regreso a la sexualidad después del parto será una etapa difícil de negociar y sujeta a dificultades.

El embarazo es el momento en que ambos cónyuges se dan cuenta de que el hombre ha renunciado a otras mujeres para elegir a una. ¿Ella lo cree? ¿En términos de seducción, en estos momentos se siente fuerte o frágil? ¿Él se siente satisfecho? ¿Tendrá ganas (él dirá necesidad) de acercarse a otras mujeres para comprobar que sigue teniendo capacidad de seducción y, por lo tanto, sigue siendo joven? Para ciertos hombres, el embarazo es el inicio de periodos de reajustes narcisistas, de modo que es posible que «sientan envejecer de golpe», que se sientan más próximos a la muerte.

Según las personas implicadas, la sexualidad no es la preocupación principal del embarazo. Como en otro momento de la vida de pareja, puede ser un apoyo para ciertos conflictos o un tema que permite desviar otros. Sin embargo, con frecuencia, la sexualidad ofrece momentos de respiro, pues no suele prodigarse durante este periodo.

Un tiempo para hacerse preguntas: los miedos de cada uno

Durante este periodo suelen aflorar a la superficie las convicciones, explícitas o encubiertas, que tiene cada cónyuge sobre la finalidad de la vida en pareja, a pesar de que ninguno de los dos supiera que estaban ahí. Con frecuencia hay que esperar a tomar consciencia de la realidad del embarazo para preguntarse: ¿qué representan la pareja, el matrimonio, la paternidad y la familia? Algunos se dan cuenta de que, aunque querían ser «modernos», su mayor deseo es fundar una familia, pues ese es el objetivo que se habían marcado en la infancia; otros se sienten deliciosamente atrapados; otros huyen; y otros se sienten satisfechos y deciden vivir este periodo a su ritmo, como si hubieran aceptado tomarse las cosas con calma durante un tiempo.

Una vez expresadas las alegrías y las satisfacciones, la emoción retumba suavemente. Cada uno se siente reconfortado en su deseo. Cada uno, a su modo, se siente tranquilo con su fertilidad.

Si la futura madre intenta mostrarse serena y tranquila, unas vocecillas deciden tomar la palabra, de forma insidiosa. Son las voces de los cuentos, de los libros, de los artículos de prensa. Las de las historias familiares, las de su hermana y su madre. Estas vocecitas murmuran:

«Durante el embarazo te vas a deformar. ¿Estás segura de que podrás recuperar la línea? La mitad de las mujeres no lo consiguen durante el año siguiente al nacimiento».

«Este niño va a hacerte daño, no es justo. ¿Es esto lo que quieres? ¿Convertirte en la víctima de un verdugo adorable que te manejará a su antojo y acabará abandonándote?»

«¿Estás convencida del amor de tu marido? ¿Te seguirá deseando cuando seas madre? ¿Seguirás siendo seductora a sus ojos? ¿Y a los tuyos? ¿Te seguirá amando si también ama al niño? ¿Qué posición va a ocupar a partir de ahora en tu vida?».

«Ahora que has iniciado la pendiente de la vejez, ¿has decidido cómo vas hacerlo? Ni se te ocurra envejecer como tu madre, que se ha puesto mil años encima desde que supo que iba a ser abuela. Y tampoco lo hagas como tu hermana (o cuñada) que ha engordado quince kilos, que ya no se interesa por nada y que ha sacrificado su vida por sus hijos».

Los ejemplos de parejas que han atravesado tormentas perinatales aparecerán de pronto en su memoria. Tanto las de amigos como las de desconocidos. Ella tendrá en cuenta estas historias y testimonios, pero intentará convencerse de que dichas parejas no tenían nada en común con la suya. Y que ella sabrá seguir su propio camino.

El futuro padre también se plantea cuestiones similares. Le da miedo envejecer, ser arrancado de la posición que ocupa junto a su pareja y perder la capacidad de seducción (¿necesitará verificarlo con otras mujeres?). También teme perder su autonomía, su creatividad y su vitalidad.

Si uno de los cónyuges perdió a su padre o a su madre a una edad temprana, es posible que surja la angustia de la muerte, una angustia que resulta difícil entender y mucho más compartir. Con frecuencia, esto puede dar lugar a malentendidos o reacciones agresivas.

El padre de César murió en un accidente de coche a los treinta y dos años. César tenía cuatro. Desde que sabe que su mujer espera un varón, se despierta una noche de cada dos empapado en sudor. Tiene miedo de no ver crecer a su hijo, de no poder ayudarle a desarrollarse como persona. Decide no compartir este miedo irracional con su esposa, puesto que no desea estresarla. Sin embargo, ella siente el miedo de César y lo malinterpreta. Cree que su marido se siente desorientado por esta nueva responsabilidad y teme que ya no esté seguro de querer tener este hijo o que ya no se sienta cómodo en su vida de pareja.

Las mujeres que han perdido demasiado pronto a sus madres también pueden atravesar momentos de angustia intensa, aunque no siempre llegan a relacionarlos con esta causa. Es habitual que una parte de la culpabilidad inconsciente permanezca enterrada; la niña de la infancia se siente en cierto modo responsable de lo que le ocurrió a su madre y, años después, la angustia se reactiva: ¿este niño reserva para mí la misma suerte?

Quienes perdieron a su madre mientras esta les daba a luz sienten con más intensidad y dolor esta angustia. Que su vida haya dependido de la muerte de su madre es una deuda enorme, pero, en la actualidad, muchos han realizado ya un trabajo personal de tipo psicoterapéutico que les ha permitido vivir con este trauma.

La angustia de la muerte que se apoya en la desaparición precoz de uno de los padres refuerza (y en ocasiones enmascara) aquella que está relacionada con la constatación de que, si una generación empuja a la otra, la empuja hasta el final de la vida. Si el niño bombea la vida, ¿no conseguirá agotarla?

Según la personalidad, uno u otro de los cónyuges puede encontrarse de frente con los temores de siempre:

— miedo a la ruptura, que induce a evitar al otro y a temer todo tipo de confrontaciones. En los momentos de tensión interna, uno puede sentirse impulsado a evitar

al otro para impedir que se produzca un conflicto. Se reafirma y se aísla, sin explicar lo que está ocurriendo, y el otro se siente rechazado e intenta acercase. De este modo se pone en marcha un círculo vicioso en el que uno recula para protegerse y el otro avanza para ir a su encuentro e intentar que salga de su aislamiento; esto no hace más que reforzar el retroceso de aquel que se siente amenazado por los avances de su pareja...;
— miedo al abandono;
— miedo a quedar expuesto;
— miedo al cambio;
— miedo a la muerte;
— miedo a la vida, quizá el más complejo de todos.

Estos miedos, que se sienten y experimentan con más o menos intensidad, no siempre se identifican. Sin embargo, suelen ser el origen de ciertas conductas de rechazo, de diversos momentos críticos...

Cada uno vive en su subjetividad el tiempo que transcurre durante el embarazo. Esto queda reflejado en el libro de Paul Morand *L'Homme pressé*[29] (adaptado al cine por Jacques Deray, con Alain Delon y Mireille Darc):

> Un hombre de éxito conoce a la mujer de su vida y, cuando esta queda embarazada, se vuelve aún más orgulloso y autoritario. Al principio, a ella le resulta enternecedor, pues cree ser el objetivo de sus atenciones; sin embargo, enseguida advierte que ella no cuenta para nada. Para él sólo existe su vientre, en el que, como es obvio, está creciendo un varón. Olvidando que es posible que su esposa no comparta su punto de vista, el hombre le pide al médico que adelante el parto al sexto o al séptimo mes, pues, ¿para qué perder un tiempo precioso si el niño ya está completamente formado y es viable? Al fin y al cabo, la medicina cuen-

---
29. Paul Morand, *L'Homme pressé* (1941), Gallimard, col. L'Imaginaire, 1990.

ta con los medios para hacer realidad sus deseos. La futura madre, consciente de la «locura» de su marido, decide marcharse y proteger su embarazo del poder patológico que el padre desea ejercer.

Estas angustias también aparecen en la novela de Ernest Hemingway *Las nieves del Kilimanjaro* (1927), adaptada al cine por Henry King en los años cincuenta:

El joven Harry Street, un apasionado de la escritura, considera que para convertirse en un autor de talento y éxito es absolutamente necesario recorrer el mundo y multiplicar las experiencias emocionales. Conoce a su musa, Cynthia, una joven encantadora, hermosa, libre. Inician una relación muy fusional y ella acepta que el periodismo y la escritura sean una pasión tan devoradora para Harry. Sin embargo, su deseo secreto es que se apacigüe, que se calme, que madure para que entre ambos se establezca una vida más clásica. Él anhela ir de un país a otro, de una emoción intensa a otra. Con sus primeros derechos de autor, Harry compra billetes de avión para África sin consultarlo con Cynthia, que habría preferido alquilar un apartamento más cómodo. Una vez en África, ella descubre que está embarazada, pero no se atreve a compartir la noticia con Harry. Él, al verla fatigada, le propone ir a España para ver las corridas de toros. Cynthia evoca vagamente la idea de tener un niño y Harry le dice que es demasiado pronto para encerrarse, que tienen que recorrer muchos países antes. Cuando ella le comenta que quizá ya va siendo hora de sosegarse, Harry guarda silencio y adopta el semblante de víctima incomprendida, de creador al que se desea castrar. Cynthia decide tirarse por las escaleras fingiendo un accidente, pues cabe recordar que en aquella época no se podía abortar. Pierde el bebé. En cuanto el médico le comunica a Harry que ha perdido al bebé, este enfurece y le grita que no tenía ningún derecho, que también era su hijo y que debería haberle dicho que estaba embarazada. Cynthia le explica entonces que no deseaba ser un obstáculo para su carrera.

Cabe señalar que, en la película, Cynthia le dice: «Este niño habría sido un ancla para ti». El término *ancla* crea cierta ambivalencia, puesto que indica que el niño podría haber sido el elemento que le ofreciera un punto de anclaje con la realidad, un bastión de estabilidad para este hombre errante e inmaduro, o que podría haber representado un freno, una pérdida de libertad que le impidiera desarrollarse.

La pareja no se recupera. Una vez en España, Cynthia abandona a Harry porque ha cambiado. Ya no es apasionado, talentoso, fogoso, individualista ni emprendedor, sino un hombre egoísta, amargo y cínico. Sin embargo, logra convertirse en un gran escritor. Harry consigue transformar esta historia en experiencia y después en novela. Por lo tanto, se puede imaginar que, si el bebé hubiera nacido, habría seguido siendo un periodista mediocre. ¿Cuál es el precio que hay que pagar para ser un Hemingway?

El fantasma de que el bebé se convierta en un rival para la pasión, la carrera, el desarrollo personal o el amor exclusivo sigue estando muy inscrito en las creencias, de modo que es frecuente que los amantes se planteen a qué tendrán que renunciar y no cómo les va a enriquecer esta experiencia.

La respuesta clásica de «intentaremos que nuestra vida no cambie en nada» es, además de perniciosa, un objetivo poco realista e imposible.

La evolución de la sociedad desde Hemingway ha provocado que el fantasma «el niño pone en peligro la carrera o la pareja fusional» haya dejado de afectar únicamente a los hombres. Las crisis y las dificultades para encontrar empleo, para evolucionar en la profesión o para adaptar la vida profesional a las nuevas necesidades hacen que, cada vez con más frecuencia, las mujeres esperen al momento ideal para quedarse embarazadas. Esta voluntad, que descansa sobre temores legítimos, impulsa a concebir al hijo como una prioridad retardada y suele ser fuente de conflictos internos y, en ocasiones, conyugales.

En la película italiana de Gabriela Muccino *El último beso* (2002), de la que volveremos a hablar más adelante, diversos diálogos evocan lo que ocurre entre las parejas durante el embarazo. Comienzan Carlo y Giulia, Adriano y su esposa:

> —¿Y si me convierto en una ballena? —pregunta ella (embarazada).
> —Me seguirás gustando —responde Carlo.
> Su amigo, Adriano, le previene:
> —Ella te reprochará todo aquello que no hagas y te harás viejo de repente. ¿Te preguntas si hay escapatoria? La respuesta es no, no hay ninguna—. Después añade—: A los seis meses se te acabará el sexo. Se volverá un coñazo como todas las madres. Piensa en tu futura vida hogareña.
> La mujer de Adriano, madre de su hijo y al borde de los nervios, dice lo siguiente de su compañero:
> —Es un egoísta. Ya va siendo hora de que empiece a asumir sus responsabilidades—. Tras decirle que lo ha sobrevalorado, acuna a su bebé diciéndole—: Tu padre es un imbécil.
> Carlo, que será padre en seis meses, siente pánico.
> —Un bebé compromete—. Su mente divaga mientras lee con Giulia libros sobre el embarazo—. Me angustia la idea de comprometerme. No quiero un apartamento, no quiero tener propiedades.
> Cuando acompaña a Giulia a la consulta para hacerse una ecografía, conoce a una estudiante y se encapricha de ella y anuncia:
> —El matrimonio me parece una hipocresía. Se hacen tantas promesas sólo para divorciarse dos años después...
> A partir de entonces, abandona todas las tardes a su esposa, de la que ya no está enamorado, para salir con la joven.
> —Yo espero un bebé. Tú no —le reprocha Giulia.

Más adelante, Carlo recapacita y le dice a su compañera:
—Me sentía encerrado y me dejé llevar por el pánico. Tenía miedo de no estar a la altura.

La eterna adolescencia ha terminado, ha llegado el momento de madurar.

Adriano, por su parte, ha optado por abandonar a su esposa y al bebé.
—Necesito que esto se mueva para sentirme vivo.

Estas palabras forman parte de los sentimientos de toda una generación de parejas que explosionan tras la llegada del niño... o que se apaciguan.

El hombre durante el embarazo

El futuro padre experimenta emociones muy particulares durante el embarazo de su pareja y estas, en ocasiones, pueden ser motivo de conflictos.

En primer lugar, él es quien no está embarazado, quien no vive este estado en su interior y, con frecuencia, quien es incapaz de expresar sus sentimientos, ya sea por pudor, por un tema cultural o porque siente que sólo es el «consorte». Para él, esta situación es frustrante. Su vida va a cambiar pero nada cambia. Tiene que basarse en las señales de su compañera para seguir los acontecimientos. Ella se siente satisfecha o no, se siente indispuesta o no, pero él sólo está «a su lado». Se sabe que el 30 % de los padres presentan síntomas de embarazo psicológico, caracterizados por dolores de cabeza, aumento de peso y dolor dental. Muchas mujeres llevan mal que su pareja se sienta enferma, pues consideran que con esos dolores somáticos sólo intentan cobrar protagonismo. A una mujer que vomite con frecuencia y sienta náuseas constantes le irritará que su pareja muestre debilidad, pues le dará a entender que no está a la altura de la situación y que es posible que no pueda contar con él.

El hecho de sentirse desplazado aumenta la frustración del hombre. Él queda relegado a un segundo plano, pues acompaña a la mujer, que es quien suscita todo el interés y la atención. Por lo tanto, es posible que decida mantenerse a distancia y opte por no tener tiempo libre para las ecografías, por implicarse poco en el seguimiento del embarazo, etc.

También es posible que intente paliar este sentimiento de frustración mostrándose excesivamente presente. Entonces adoptará el papel de testigo, de guardián de la memoria de este periodo. Preparará álbumes, clasificará y conservará las ecografías, grabará el parto y ocupará mucho espacio, de modo que ella podría tener la impresión de que la está dejando sin aire.

Es frecuente que un hombre recrimine a la naturaleza o a su mujer el hecho de que sólo se sea padre «por alianza». Sólo va a convertirse en padre por el vínculo que comparte con la futura madre. Es ella quien, mediante su comportamiento, le concede un lugar como padre. El varón humano es el único mamífero capaz de sentirse unido a su hijo antes de que exista en la realidad. Los psicoanalistas que han escrito sobre la paternidad revelan diversos puntos que intentaremos resumir en este apartado, pues ayudan a comprender la razón de la conducta de ciertos hombres.

Si el futuro padre se siente muy identificado con el hijo que espera, es posible que experimente una regresión psíquica y conductual: hablará como un bebé, jugará mucho y decidirá interrumpir la sexualidad con su compañera, por miedo a hacer daño a su hijo. Por lo general, la mujer no entenderá este comportamiento y le inquietará la idea de tener un niño más en casa.

A medida que avance el embarazo, podría sentir celos del niño y considerarlo un rival, de modo que, probablemente, la futura madre respondería encerrándose más en sí misma y en lo que ocurre en su interior.

Durante el segundo trimestre de embarazo, también es posible que el hombre envidie la fuerza de la feminidad: la mujer espera, gesta y trae al mundo la vida. En este caso podría feminizarse, incluso en su comportamiento, y este cambio podría sorprender y resultar perturbador para la mujer. El futuro padre no siempre comprenderá estos movimientos internos, que están guiados por las facetas inconscientes femeninas y la clásica homosexualidad latente, y podría intentar compensarlos con actitudes superviriles que, por lo general, suelen ser mejor recibidas por la mujer.

El hombre también puede ver a su madre reflejada en el embarazo, a veces de un modo intenso e imprevisto. En este caso, toda sexualidad con su mujer, que pronto será madre, le resultará inconcebible. La complicidad, la confianza y las palabras pueden atenuar la violencia de esta actitud difícil de admitir y de comprender; cada uno de los miembros de la pareja deberá intentar ayudar al otro a salir de un sistema que le incomoda: «Me siento rechazado, así que me aíslo y me protejo». Para atravesar estas dificultades temporales, es necesario que exista una confianza mutua que permita a la futura madre sentir que su cónyuge no dirige su hostilidad o su agresividad hacia ella, sino hacia su pasado, que ha sido reactivado por el embarazo.

Algunos psicoanalistas, como Anne Aubert Godart,[30] consideran que, para el hombre, la noticia del embarazo «provoca reacciones a diferentes niveles de representa-

---

30. Anne Aubert Godart (dir.), *Dynamiques de la parentalité*, Presses universitaires de Rouen, 2001.

ción e integración emocional» que van acompañadas de un periodo de luto. Aunque el embarazo (sobre todo el primero) le reafirma en su virilidad, el hombre debe renunciar a ser madre y aceptar que una mujer le permita acceder a la posición de padre.

Durante este periodo resurgirán una serie de conflictos inconscientes relacionados con la relación que mantenía con su padre. La gente le dice que a partir de ahora ya no será sólo el hijo de su padre, sino también el padre de su futuro hijo. El futuro abuelo será el modelo que querrá imitar o, al contrario, rechazar (con todos los matices que puedan existir entre ambos extremos).

¿Por lo tanto, se puede hablar de embarazo en los hombres?

En medicina, al igual que en psiquiatría, el embarazo psicológico señala los trastornos que desarrollan ciertos hombres mientras aguardan la llegada de un hijo. A partir del tercer mes de embarazo, algunos hombres muestran síntomas de embarazo y problemas somáticos tales como problemas gastrointestinales, pérdida de apetito, náuseas y vómitos o aumento de peso.

Las investigaciones efectuadas en Estados Unidos han puesto en evidencia todo tipo de comportamientos extraños o inhabituales en hombres que esperan un hijo. Los estadounidenses lo llaman las tres «f»: *fight, flight, fear* (peleas, huidas, miedos). Algunos entran en cólera, se sienten hastiados o se vuelven groseros y belicosos *(fight)*; otros intentan escapar de este acontecimiento *(flight)* trabajando noventa horas semanales, viajando, cambiando de casa o reemprediendo los estudios; y otros sienten angustias y miedos *(fear)*, con manifestaciones más o menos neuróticas.

Lo más sorprendente, aunque no suele ser habitual, es la tendencia a adoptar conductas sexuales desviadas durante los primeros meses de embarazo.

También hay hombres a quienes la noticia de su paternidad los trastorna profundamente. Las reacciones más espectaculares son la huida, la automutilación o el suicidio, pero hay muchas otras, desde orzuelos o trastornos digestivos hasta el inicio de una psicosis.

Los hombres desarrollan diversos síntomas que pueden manifestarse durante el embarazo o en el momento del parto, que pueden ser histéricos (trastornos en el área digestiva, ocular, dental, facial, renal, pulmonar, plantar, etc.), fóbicos (depresiones), paso a la acción (huir, suicidio), problemas de carácter sexual (impotencia), negaciones de paternidad, delirios interpretativos, alucinatorios o hipocondriacos, trastornos psicosomáticos... La lista podría ser mucho más larga.

¿Qué situación precipita la aparición de estos síntomas en los futuros o nuevos padres? ¿Contra qué represiones se enfrentan?

La investigación analítica de los antiguos ritos de covada contribuye a lanzar un rayo de luz sobre los mecanismos y el saber inconsciente que rige las patologías de la paternidad.

Théodore Reik[31] sostiene la hipótesis de que el futuro padre se enfrenta a dos deseos inaceptables: uno parricida y otro filicida; dos anhelos letales y odiosos que suscitan remordimientos y cuyas represalias teme.

La covada es una tradición milenaria por la que la madre, tras el nacimiento del niño, cede el lecho al padre. La mujer desea, por una parte, que el padre del recién nacido imite el parto que ha tenido lugar y guarde cama durante un tiempo más o menos largo, mientras ella, que acaba de traer al mundo al niño, regresa de inmediato a sus ocupa-

---

31. Théodore Reik, «La couvade et la psychogenèse des craintes de représailles», en *Le Rituel, Psychanalyse des rites religieux*, Denoël, 1974.

ciones. Por otra parte, exige que el padre siga un régimen dietético y una serie de órdenes y prohibiciones que debe acatar.

Esta costumbre ha desaparecido en las culturas occidentales modernas, donde el padre no es escuchado por el grupo y se siente abandonado, desamparado. Los hombres afectados por la patología de la paternidad se enfrentan a una gran soledad, tanto por parte del grupo como de los médicos, que consideran que este síndrome corresponde a una pérdida de la identidad masculina.

¿Una nueva relación?

Resulta difícil imaginar que ella y él vivan el embarazo del mismo modo.

Los desfases son frecuentes e inevitables. Ella siente la presencia en su vientre, pero él no puede más que imaginarla y, sobre todo, escuchar aquello que puede contarle la futura madre. En ocasiones, siente envidia de ella.

> Rafaela tenía la certeza de que Juan deseaba, ante todo, ser padre, jefe de familia. Durante el embarazo, él se vuelve cada vez más autoritario y vigila a su mujer como si fuera una inversión. Ella tiene la impresión de ser una caja fuerte que encierra un tesoro en su interior. (La metáfora de la joya dentro de un joyero habría sido demasiado poética). En el octavo mes de embarazo, Rafaela huye a casa de un viejo amigo que tiene ocho gatos y contrae la toxoplasmosis. Angustiada por la gravedad de las repercusiones de esta enfermedad y por la posible reacción violenta de Juan, regresa con él poco antes del parto, sin confesarle lo ocurrido. Afortunadamente, el bebé nace sano. Sin embargo, la pareja nunca se recupera. Rafaela siente que su marido sólo la ve como una fábrica de niños y lo abandona dejándole la custodia del pequeño.

> Para los padres que están en trámites de adopción, la gestación se vive de un modo distinto. Con frecuencia hemos oído decir que «el periodo combativo» que precede al acuerdo y a la eventual atribución del niño es el equivalente de un embarazo (aunque más largo). El proyecto madura y se desarrolla bajo la mirada, percibida como más o menos benevolente, de expertos (administraciones autonómicas, psicólogos, psiquiatras, trabajadores sociales). Los padres añaden que este periodo es similar al embarazo pero más igualitario, puesto que el hombre y la mujer viven experiencias semejantes. En este caso no hay diferencias biológicas, sino psicológicas.

¿La nueva situación modifica en profundidad la relación? No lo creemos. De hecho, nos inclinamos a pensar que sólo hace salir a la luz ciertos elementos de la relación que estaban escondidos o que refuerza ciertas características preexistentes.

Es preferible tener diversas lecturas o interpretaciones de las interacciones que entran en juego. Por ejemplo, Marcos exige a su mujer que deje de fumar y que coma alimentos biológicos. De forma regular, y siempre con un tono muy autoritario, se muestra ansioso o superresponsable y, aunque no puede compartir aquello que ocurre en el interior del vientre femenino, intenta mantener el control de la situación o infantiliza a su compañera, quien, según se sienta herida o no, decidirá aceptar las órdenes de Marcos o rebelarse. Podrá intentar hacerle comprender que, aunque en el fondo tiene razón, debería decirle las cosas de un modo que ella pudiera compartir y que no le hiciera pensar que sólo intenta hacerse con el poder.

Podemos imaginar que ambos miembros de la pareja desean que la relación evolucione y que la culminación de un proyecto común permita dicha mutación.

Para ciertas personas, el embarazo es una situación de estrés que revela o hace que aparezcan ciertos miedos o angustias.

Catalina y Román se conocen durante el verano. Se divierten juntos, les encanta salir, reunirse con los amigos e ir de fiesta. Cuando regresan de las vacaciones, deciden prolongar el verano… Esta relación que se estabiliza en la ligereza permite que Catalina complete sus estudios y busque su primer empleo, sin pensar por ello que ha dejado de ser joven. Él es hijo de comerciantes acomodados, trabaja con su padre y en el futuro heredará su negocio. Román, que se siente incómodo con este destino que han trazado para él, consume cocaína de forma ocasional, cuando sale de fiesta, y ya ha probado la heroína.

Al verano siguiente, Catalina se queda embarazada. Román, encantado con la idea, le regala peluches enormes que invaden el pequeño apartamento antes incluso de que culmine el primer trimestre de embarazo. A Catalina le inquieta la inmadurez de Román. Aunque al principio amaba su despreocupación, su dinamismo y su creatividad lúdica, ahora lo ve como un hombre huidizo, irresponsable y frágil, sobre todo porque no ha cambiado en absoluto su modo de vida. Durante el transcurso del segundo trimestre de embarazo, Román empieza a salir con más frecuencia y llega tarde a las citas o no se presenta (incluida la de la ecografía). Catalina es consciente de que cada vez consume más heroína. Tras unos días de negación y mentiras, Román confiesa y le promete que dejará las drogas…

Al inicio del octavo mes de embarazo, Catalina da por imposible toda coacción y decide dejarlo. Dará a luz sola, como hizo su madre, y se ocupará sola de su hija.

Unos años más tarde, Román contacta con Catalina y le explica que no deseaba la vida que querían imponerle. Y que tampoco deseaba imponerle a ella su vida como toxicómano.

Las crisis graves de pareja, las que conducen a la ruptura, no suelen producirse durante el embarazo. En este periodo, ambos cónyuges se sienten impulsados a reflexionar sobre las elecciones que han hecho en la vida. Este es el momento de conocer mejor al compañero, de cambiar con él. Sin embargo, es posible que las diferencias entre sus valores fundamentales sean tan evidentes que se imponga la incompatibilidad. Catalina cree haber aprovechado su juventud. Para ella, estar embarazada es pasar a una nueva etapa de la vida que no tiene continuidad con los capítulos anteriores. No se lamenta, sino que se limita a pasar página y a seguir adelante, con dulzura. Ha engendrado un hijo para ocuparse de él, para ser útil, responsable, para jugar con él. No concibe la idea de salir todas las noches, pero esto no significa que renuncie a los amigos y a las fiestas. Para Román, se trata de una renuncia más difícil y sumamente dolorosa. Una vez más tiene la impresión de que la vida se le escapa de las manos, que otros han decidido por él. Le resulta tan insoportable que decide huir, en la noche y la droga, de este destino que le intentan imponer. Catalina y su vientre inflado le desvían del camino de la existencia absurda, al igual que sus padres o el colegio, pero, aunque durante un tiempo cree que el hecho de dar la vida será una forma de liberación, el desafío es demasiado grande y siente miedo.

Del dúo al trío

El embarazo no es un estado que se vive de forma individual, sino más bien una situación en la que dos personas se mueven lentamente para dejar espacio al trío. Los futuros padres lo hacen con cierto retraso, puesto que no están «embarazados», pero en ocasiones acompañan a su compañera a la consulta del ginecólogo, a pesar de que no estén obligados a ello. El hecho de que permitan que la futura madre gestione su embarazo con el médico o la comadrona no significa que no deseen ser padres. Muchos dicen sentirse incómodos y la verdad es que la presión social influye mucho en esta decisión: «Mi mujer insistió tanto que decidí acompañarla». ¿Acaso tienen miedo de no ser padres modernos? No les gusta la consulta del médico ni ese hombre de bata blanca que se introduce en la intimidad de su mujer y a la que esta mira con tanta confianza y gratitud. «¡Por lo menos, el médico no es el padre de la criatura!». Se sienten (algo) celosos del bebé que vendrá y de la persona que los traerá al mundo.

Estos pensamientos pueden compartirse. Ambos miembros de la pareja tienen sus propios planes, sus propios temores. ¿Quién decidió que el lugar del padre estaba al lado de la madre durante el parto? ¿Quién puede afirmar que este detalle lo convertirá en un «buen» padre y reforzará a la pareja? Cada uno debe compartir con el otro sus deseos, sus aptitudes, sus desagrados. El hecho de no asistir al parto puede deberse a un simple tema de azar (estaba de viaje de negocios), a la manifestación de una voluntad firme (es demasiado emotivo y se siente incapaz de verlo) o a la indiferencia (le da igual, puesto que no deseaba tener este hijo). Del mismo modo, estar presente puede deberse a un tema de azar (acompañó a su pareja al hospital y todo se precipitó, le pusieron una camisola y le dijeron que la ayudara a respirar), un acto de voluntad (se ha estado preparando desde el principio —ecografía, haptonomía— y no quiere perderse el parto) o a la indiferencia (le apetece estar presente, pero ya ha dicho que tiene mejores cosas que hacer que dar biberones). Lo esencial es atreverse a hablar, compartir las necesidades y los límites… y atreverse a entender los del otro.

☐ **Un momento intenso: la ecografía**

El tiempo avanza y empiezan a sucederse las ecografías sistemáticas (pero no obligatorias) de las 12, 22 y 32 semanas, que se consideran un ritual de iniciación a la paternidad y, por lo tanto, una etapa intensa para la pareja. La ecografía permite el primer encuentro con el bebé a través de su imagen indescifrable. Esta famosa transparencia, que antaño se consideraba tabú, se inmiscuye en el misterio del vientre de la madre, en un mundo secreto que Freud describía como de «inquietante extrañeza».

Es un momento cargado de emociones, tanto para la mujer como para el hombre. Para la futura madre, es la confirmación de que lleva en su interior una vida. Aunque no pueda descifrar la imagen por sí sola y deba guiarla el ecografista, distingue una nariz, un pie, el cuerpo de su bebé que flota en su propio cuerpo. Sus sensaciones se convierten en representaciones que, al estar borrosas, alimentarán su imaginación. La ecografía es un incitador extraordinario de sueños sensoriales.[32] En el padre, la ecografía genera pensamientos confusos. Es un testigo privilegiado y está destinado a convertirse en el autor de un niño muy real (al que no siente todavía como propio), que está creciendo en un cuerpo que no le pertenece. También le produce cierta incomodidad contemplar el interior del cuerpo de su compañera (y permitir que lo haga un tercero). Como el héroe de la película de Almodóvar *(Hable con ella)*, es posible que sienta el deseo fantasioso de regresar al vientre materno para codearse con ese desconocido (su bebé) que no puede llevar en su interior y que le hace experimentar sentimientos contradictorios. «Durante el embarazo, el futuro padre siente que

---
32. Serge Tisseron, en *Écoute voir l'échographie de la grossesse*, obra colectiva, Érès, 1999.

tiran de él dos fuerzas opuestas: la protección que deberá ofrecer al pequeño y el miedo a dejar de ser amado después de su nacimiento», dice Sylvain Missonnier, psicóloga en una maternidad. La ecografía es un momento muy intenso para él. De hecho, puede ponerse en el lugar del feto y pensar: «¡Vaya! Hay alguien en mi casa. Alguien me ha quitado mi sitio».

La ecografía es un momento de descubrimiento para la pareja. Es preferible que estos minutos se vivan con cierta intimidad, pues, por mucha alegría que traigan consigo, suelen estar cargados de impaciencia, de curiosidad, de inquietud y de angustia. La primera sorpresa, suponiendo que los futuros padres hayan optado por conocerlo, es el sexo del bebé, que hoy en día puede revelarse con bastante certeza. Esta revelación hará que se desplome todo un muro de fantasía. Si esperan una pequeña Eva, será absurdo que sigan buscando nombres masculinos. La reacción del otro hará que las imágenes que llegan del inconsciente se empujen y que las proyecciones se pongan en marcha. «¡Es una niña! (o: ¡Es otra niña!). El apellido se va a perder».

En este caso, el padre dedicará el resto del embarazo a acostumbrase a esta decepción, y la madre, a intentar curar la herida de no haber satisfecho los sueños de su compañero.

Pero ambos se adaptarán, pues la llegada del bebé real suele hacer que se desvanezcan estas reticencias. Sin embargo, resulta más difícil escapar del verdadero objetivo de la ecografía obstétrica. No se trata de efectuar porque sí una inmersión abisal en el medio intrauterino ni de mostrar una imagen del inicio de la vida del bebé, sino de efectuar un reconocimiento que pueda diagnosticar malformaciones y anomalías de crecimiento en el feto. Luc Gourard, obstetra ecografista, hace largo tiempo que centra su interés en esta práctica y en las «malas noticias» que puede revelar. Es un reconocimiento sencillo, pero debe realizarse con suma delicadeza, pues se desarrolla en directo y en un ambiente teñido de miedo. Aunque todo sea normal —lo más frecuente—, «no hay que infravalorar la importancia de los aspectos emocionales del diagnóstico prenatal». Todas las palabras que se pronuncian e incluso los silencios se interpretan como mensajes. «¿Cómo se puede efectuar dicho diagnostico sin alarmar inútilmente a los padres? Todo malentendido puede ser percibido como un ataque a la imagen del bebé perfecto y el anuncio de una anomalía será una herida, una humillación, un cataclismo emocional».

Antes de que pueda establecerse con firmeza un diagnóstico de malformación o sufrimiento fetal, deben franquearse diversas etapas que generalmente los padres vivirán con una combinación de esperanza y angustia. El sueño de la perfección se habrá desvanecido, la muerte y la enfermedad ocuparán un primer plano y se plantearán cuestiones dramáticas que deberán responder ambos padres, aunque su respuesta no siempre será la misma. Ninguna moral puede guiar una decisión que reverbera sobre su destino y el de su futuro hijo, en la que entran en juego procesos inconscientes y vínculos intergeneracionales. Son ellos dos, y cada uno de ellos, quienes deberán involucrarse, con su lucidez y su sentido de la culpabilidad, en una aventura que, sea cual sea el resultado (la interrupción médica del embarazo o la continuidad de la gestación con pleno conocimiento de causa), pondrá a la pareja a prueba y, quizá, dejará en uno un sabor más amargo que en el otro. En esta situación se hará más necesario que nunca dialogar y escuchar las motivaciones del otro, de modo que es posible que sea útil contar con la ayuda de un tercero.

☐ La haptonomía, una forma de compartir

La haptonomía puede ayudar al padre a compartir esta gestación. Por lo general, la mujer tiene una gran capacidad para expresar sus sentimientos, emociones y todo aquello que vive con intensidad. Esto le impulsa a confiar a su compañero elementos muy íntimos de todo lo que siente durante el embarazo, a evocar las sensaciones que le produce el hecho de tener un bebé en su interior y a compartir su angustia ante esta invasión de su cuerpo. ¿El futuro padre se sentirá celoso de la intimidad que comparte su compañera con el feto en el seno materno? ¿Logrará encontrar la forma de acceder al proceso y experimentar en parte este secreto? ¿Será capaz de apoyarla y reconfortarla si es necesario?

Al invitar al padre a poner la mano sobre su vientre para que perciba físicamente la presencia del futuro bebé, la mujer estará ayudándole a desarrollar su capacidad de imaginar el futuro, de proyectarse.

La haptonomía permite pasar de la intuición a la sensación, después a la representación y, por fin, al sentimiento. Aunque este no sea el objetivo principal de dicha ciencia, consideramos que ayudará a muchos padres a reducir la sensación de injusticia biológica, a sentirse más involucrados en este proceso, a compartirlo con su pareja y a convertirse en su cómplice, fundando así las bases de la solidaridad.

Modificaciones

La pareja vive, durante un par de trimestres, un periodo de espera bastante calmado y más o menos impaciente, según el grado de implicación de cada uno de ellos en su vida profesional y social y según sea su primer hijo, el segundo… o el siguiente. Ciertas costumbres cambian y cierto nivel de despreocupación desaparece. Los proyectos se hacen con puntos suspensivos y fórmulas tales como «ya veremos» o «depende» suelen estar presentes en todas las frases. Hay algo desconocido en el aire y, aunque uno de los dos «no desee cambiar nada», el otro le hará regresar a la realidad. No, «ella» no está segura de poder asistir a la boda de Sophie porque quizá estará en la clínica. No, «él» no puede aceptar ese viaje a Australia porque «ella» pronto estará de parto. Las llamadas telefónicas empiezan a sucederse.

Hay encuestas que revelan que el nacimiento del primer hijo altera las costumbres de comunicación entre las parejas jóvenes, como el tiempo destinado a hablar por teléfono.

☐ La nueva relación con el entorno

Para los nuevos padres, una de las cuestiones centrales y básicas es la de las relaciones sociales. ¿La relación que mantienen con sus amigos resistirá el choque de este acontecimiento que romperá para siempre con su antiguo modo de vida? ¿Quién se quedará, quien se marchará, quién llegará? ¿Quién estará presente y quién estará ausente cuando nazca el niño? Las respuestas a todas estas preguntas se articularán alrededor de dos grandes tendencias complementarias y paradójicas al mismo tiempo, como la complejidad de las relaciones humanas: el refuerzo y el alejamiento de las relaciones familiares y sociales.

Por lo general, al convertirse en padres, los miembros de la pareja dejan de comunicarse con las mismas personas…

La experiencia de los abuelos se convierte en un apreciado tesoro, y el tiempo que se les dedica, de pronto muy superior al de otros familiares, generalmente aumenta de dieciocho a veinticinco minutos semanales durante las doce últimas semanas de embarazo. Esta aproximación entre ambas generaciones se debe tanto a la responsabilidad que tienen los futuros padres de asegurar un vínculo entre ambos linajes, como al derecho que tienen los abuelos de interesarse por aquellas novedades que hagan referencia a su nieto.

La futura llegada del bebé inicia nuevas combinaciones de amigos: la pareja empieza a relacionarse con personas que antaño no solía ver, con personas a las que antes sólo veía uno de los miembros de la pareja o con personas que ahora ven con otros ojos. El niño constituye un «gancho» que saca a los jóvenes padres del anonimato y les confiere una identidad social positiva. En el seno de la familia también se forjan nuevas relaciones, pues el paso de mujer a madre propicia la aparición de vínculos interindividuales de mujer a mujer (sobre todo con la suegra) que se superponen o incluso sustituyen a las relaciones de pareja a pareja.

□ Organización/reorganización

Tras asumir el hecho de que no podrá seguir llevando la misma vida que antes, la pareja debe anticiparse a los cambios concretos que comportará el nacimiento de su hijo.

Para aquellas parejas que «no cohabiten», es posible que haya llegado el momento de plantearse la idea de compartir un domicilio común. ¿En casa de él? ¿De ella? ¿En un piso nuevo? La decisión dependerá de la superficie, del número de habitaciones de que disponga cada uno, de sus deseos, del nivel de compromiso aceptado. La idea de disponer de una habitación para el niño está bien arraigada en la cultura occidental, que favorece la separación del espacio de los padres y los hijos. Cualquier tipo de arreglo que impida la intrusión del pequeño protegerá la intimidad de la pareja.

Desorganizar u organizar los espacios es un paso que debe darse antes del nacimiento, aunque no se recomienda que una mujer embarazada cargue con cajas de libros o ayude a trasladar el lavaplatos. Además, esta decisión deberá tomarse teniendo en cuenta otros detalles que entrañará el nacimiento del niño.

> «Hemos buscado un piso de dos habitaciones en un radio de un kilómetro —explica Sofía—, para no alejarnos demasiado de mi madre, que nos echará una mano de vez en cuando. No queremos tener que cruzar toda la ciudad, ni que tenga que hacerlo ella, para cuidar de Julián de forma puntual».

También es el momento de decidir quién se hará cargo del pequeño. En la actualidad, el 80 % de las mujeres de entre 25 y 49 años ejercen una actividad profesional, de modo que es poco frecuente y bastante improbable que un hombre espere que su compañera deje de trabajar tras la llegada del niño. Sin embargo, detener la actividad profesional durante un tiempo es una decisión posible, sobre todo para aquellas mujeres que perciben un salario bajo o que pueden solicitar una excedencia.

Las demás deberán empezar a estudiar la oferta y la demanda, las preferencias de uno y las objeciones del otro. La pareja sopesará todas las ventajas e inconvenientes y analizará todas las posibilidades ofrecidas en su barrio o cerca de su lugar de trabajo. Una sutil combinación de motivaciones conscientes o inconscientes (referentes a la seguridad del niño, la rivalidad hacia esa desconocida que lo cuidará, la flexibilidad de los horarios, el precio, el miedo a la enfermedad) incidirá en la decisión y les impulsará a decantarse por la asistencia maternal o la guardería (siempre que dispongan de dicha alternativa, pues si viven en un medio rural es posible que sólo puedan recurrir a la primera opción).

Aunque resulte paradójico, pues dejar el niño a cargo de otras personas es una necesidad cuando ambos progenitores trabajan, las puericultoras de las guarderías y las niñeras presentan cierta tendencia a pensar y a decir que cuidan del niño porque su madre trabaja (como si la vida profesional fuera obligatoria para el hombre y facultativa para la mujer), un reproche que intensifica el sentido de culpabilidad de las madres. Este fenómeno ha sido analizado en detalle por Sylviane Giampino.[33]

Aunque la madre suele ser quien dialoga con los encargados de los jardines de infancia, los padres cada vez están más presentes en las guarderías, ya sea para dejar al niño o para ir a buscarlo. De esta forma demuestran su conformidad con la decisión tomada, su implicación en la educación del niño y su interés por conciliar la vida profesional y la familiar.

Las elecciones que se tomen dejarán entrever prioridades ideológicas y esquemas familiares interiorizados, discursos de los especialistas y mensajes subliminales que han quedado registrados de forma inconsciente. Es necesario alcanzar un compromiso, pues todos los cambios pueden despertar el egoísmo y el apetito de poder del uno o del otro, o la tentación de hacer responsable al otro si surge algún problema. ¿Y si decidieran hablarlo en vez de enquistarse en rencores? ¿Y si aceptaran pedir ayuda al otro? ¿Y si se tuvieran suficiente respeto para confiar en su buena voluntad? En la organización de lo material todo

---

33. Sylviane Giampino, *Les mères qui travaillent sont-elles coupables?*, Albin Michel, 2000.

puede convertirse en un bloqueo: la alimentación, el sueño, el tiempo libre… Las invasiones del territorio son frecuentes, a veces por una buena causa, pero cabe recordar que todo puede decirse, siempre y cuando el otro esté dispuesto a escucharlo.

4
Cuando las cosas no salen según lo previsto

Aunque no pretendemos realizar un inventario de todas las circunstancias imprevistas y más o menos desestabilizadoras o dolorosas que pueden acontecer, consideramos necesario comentar ciertas situaciones que hacen que, en ocasiones, el embarazo discurra a medias tintas.

El embarazo tras el duelo de un hijo

Para la pareja, el embarazo que se produce tras la pérdida de un hijo es, sin duda, muy particular.

En este punto se ha experimentado una gran evolución, tanto en la mentalidad como en las costumbres. Hace tan sólo unas décadas, a los padres se les aconsejaba que no le dieran demasiadas vueltas al tema y que tuvieran pronto un nuevo hijo que reemplazara el anterior. Hoy en día, el luto se respeta. Los padres reciben un gran apoyo y se les aconseja dejar un espacio para el niño perdido, un nombre, un lugar en el libro de familia.

Aunque cada uno de los padres está solo en su dolor, la pareja suele soldarse en el pesar. Ambos comparten su intensidad e intentan buscar una explicación a lo ocurrido.

El ámbito médico, en ocasiones torpe, o Dios, que «les ha quitado aquello que les había dado», suelen ser los objetivos de la agresividad de estos padres. Es posible que recurran a psicólogos o asociaciones que les ayuden a expresar en palabras su dolor o su odio; que compartan su experiencia con otros padres; o que se dirijan a las páginas de Internet que se han creado para permitirles dejar su testimonio...

El concepto «llevar luto» refleja que es necesario tomarse cierto tiempo antes de «crear» un nuevo bebé que pueda ser «otro» y que el establecimiento de este tiempo pertenece exclusivamente a la pareja.

El embarazo no deseado

¿Sabes? —dice ella—. Me he hecho la prueba y... estoy embarazada.

Esta frase puede continuar de diferentes formas, como por ejemplo «Soy demasiado joven. No estoy segura de nuestra pareja» o «Acabo de comenzar en un nuevo trabajo. No quiero quedarme atrapada entre pañales y biberones» o incluso «No deseo perder la línea y, por lo tanto, a mi chico». También puede estar seguida de un: «Soy deportista y no estoy dispuesta a renunciar a la competición», «Soy artista y la gira empieza en seis semanas» o «No deseo imitar a mi madre y convertirme en una maruja». En resumen, ella está diciendo que no desea tener al bebé.

Él puede responder: «¿Crees que es el momento adecuado para tener un hijo?» o «Todavía no me siento preparado para ser padre; ya no podremos salir ni ir de fiesta» o «Me paso la semana de viaje. Acabo de montar mi propio negocio y debo consagrarme por completo a mi trabajo» o incluso: «Si tenemos un niño, ya no te ocuparás de mí». En resumen, él le está diciendo que podría abortar.

Aunque lo ideal es que se intercambien argumentos, se hagan concesiones y la pareja tome una decisión, lo más habitual es que el peso se decante hacia uno de los lados de la balanza y surjan resentimientos. La promesa del niño se instala en la carne de la mujer y es imposible obligarla a «abortar» si ella no desea hacerlo. En cambio, si la mujer desea interrumpir el embarazo, ¿cómo impedírselo? No necesita ninguna autorización. Sin embargo, cabe recordar que una decisión unilateral acarreará graves consecuencias y no es difícil imaginar qué reproches aparecerán si, en el futuro, la pareja tiene dificultades para concebir un hijo.

¡Reposo!

En ocasiones, durante una visita rutinaria, el médico anuncia a la mujer que, para no correr ningún riesgo, deberá permanecer acostada el mayor tiempo posible porque «el cuello uterino está abierto» y el parto podría producirse mucho antes de lo previsto. ¿Cómo se las arreglará para hacer la compra? ¿Cómo cuidará del hijo mayor? Por entregado que sea su compañero, la pareja necesitará ayuda externa. Lo más cómodo suele ser recurrir a una abuela disponible, con la esperanza de que sea tan discreta como eficiente.

> Los padres de Adela (embarazada de seis meses) han puesto en peligro la pareja de su hija, que tiene que guardar reposo y necesita ayuda. ¿Quién mejor que sus padres, jubilados, para instalarse en su hogar a tiempo completo mientras Jerónimo, su marido, trabaja? Los abuelos están encantados de poder ser útiles y ocuparse del hijo mayor. Sin embargo, el abuelo opina sobre todo y empieza a gobernar el hogar, haciendo que su yerno se sienta ofendido. Cada vez que Jerónimo regresa de la oficina, tiene la

impresión de enfrentarse a un tribunal que le critica y le reprocha su ausencia. Jerónimo no encuentra más solución que solicitar un traslado a un país extranjero. La apuesta es demasiado fuerte y Adela le dice que se marche solo. Sin embargo, más adelante, la familia se vuelve a reunir. Esta separación salva a la pareja, que reencuentra la serenidad en el otro extremo del mundo.

Un embarazo que se interrumpe demasiado pronto

Puede ocurrir que antes de la decimoquinta semana de embarazo se produzca un aborto natural (un acontecimiento que, aunque no siempre sea un drama, nunca es anodino). Desde el punto de vista médico, se trata de un acontecimiento que carece de gravedad; el 15 % de las mujeres embarazadas sufren estos abortos espontáneos que, por lo general, son un proceso de eliminación natural de un embrión defectuoso. «La naturaleza hace bien las cosas», dicen los médicos, con filosofía. Aunque es cierto que estas expulsiones prematuras se deben a factores biológicos, infecciosos o aberraciones cromosómicas, cabe señalar que estos no tienen por qué reproducirse ni suponer ningún riesgo para los embarazos futuros. Por lo tanto, es más sencillo que la mujer pueda considerarlo un accidente y vivirlo como una prueba.

Las enfermeras, la familia o el entorno tienden a restar importancia a este suceso («Sólo ha sido un pequeño aborto espontáneo», dicen los especialistas…); sin embargo, la mujer que lo sufre lo siente como una herida física y como un acontecimiento psicológico similar al duelo, pues ha perdido la promesa de la vida y se ha visto obligada a renunciar al importante proyecto de gestar a su hijo. La fatiga, la decepción y, quizá, un episodio depresivo acompañarán la vuelta al hogar.

El cónyuge no siempre comprende esta tristeza: «¡Mejor esto que haber tenido un hijo monstruoso!». También es posible que intente relativizar («Todavía no estabais unidos») o que busque culpables («Has trabajado —viajado, practicado deporte, fumado— demasiado»). Esto es siempre un error, puesto que la mujer ya siente una gran culpabilidad (según la psicóloga Micheline Garel,[34] ocho de cada diez mujeres se consideran responsables de la pérdida de ese hijo) y, además, está demostrado que las condiciones de vida o de trabajo pocas veces son la causa real de un aborto. El hombre debe analizar el dolor de su mujer en términos de sufrimiento (tabú, pero bien real) y la mujer debe saber confiarle su tristeza, el duro momento que está atravesando y lo vacía y frustrada que se siente. De este modo, él será capaz de entender que un aborto espontáneo no resulta jamás banal y que será prudente esperar cierto tiempo antes de intentar concebir un nuevo hijo.

Muerte *in utero*

En ocasiones, el embarazo se interrumpe en una fase bastante más avanzada, ya sea porque el feto deja de vivir o porque se practica un aborto terapéutico.

La muerte prematura de un bebé puede ser espontánea (muerte *in utero*) o puede inducirse médicamente tras un diagnóstico prenatal desfavorable. Si es espontánea, tendrá lugar un parto que eliminará del cuerpo de la madre el feto sin vida. Si el niño muere antes de la vigésima segunda semana de amenorrea y su peso es inferior a quinientos gramos, su nacimiento no podrá inscribirse en el

---

34. Micheline Garel y Hélène Legrand, *L'Attente et la perte du bébé à naître*, Albin Michel, 2005, nueva edición de *Une fausse-couche et après*.

Registro Civil. Sin embargo, según establece la Ley de 8 de junio de 1957, sobre el Registro Civil, «las personas obligadas a declarar o a dar el parte de nacimiento están también obligadas a comunicar en la misma forma el alumbramiento de las criaturas abortivas de más de ciento ochenta días de vida fetal».

El sufrimiento de los padres es inmenso, pues se ven obligados a llorar la muerte del ser al que deseaban dar la vida. Esta experiencia suele acercar a la pareja, que se une para reconocer la existencia del niño fallecido e inscribirlo en el Registro Civil, pero también es un periodo sumamente delicado, puesto que la pareja no suele compartir esta pérdida con su entorno ni con la sociedad. «Las diferentes facetas —psicológica, social, jurídica— de esta negación individual y colectiva sumen a los padres en un aislamiento y una violencia extremos, en este callejón sin salida psíquico que consiste en llevar luto por "nadie"», anuncia Chantal Haussaire-Niquet.[35] El dolor de la mujer es más concreto, pues ha podido sentir sus movimientos y, por lo tanto, su desaparición le causa un vacío palpable. La escritora Camille Laurens, que perdió a su bebé durante el parto, lo explica a la perfección: «Para una mujer, el ser del bebé es tanto el lugar que ocupa dentro de su cuerpo como la representación que se hace, en ocasiones de forma demasiado prematura, del pequeño cuerpo que crece en su vientre».

«La interrupción del embarazo, la muerte *in utero* o la muerte durante el parto son interrupciones de vida y de esperanza de vida que se producen en un momento en que la relación de los padres con su futuro hijo todavía no se ha forjado, aunque ya existe una relación *virtual* intensa», explican la psicóloga Dominique Blin y la psiquiatra

---
35. Chantal Haussaire-Niquet, *L'Enfant interrompu*, Flammarion, 1998.

infantil Marie-José Soubieux.[36] Ambas hacen referencia al «ataque vital» que sufre la mujer, «a quien le arrancan un fragmento de sí misma y pierde una parte de su ser».

El compañero, enfrentado también al naufragio de sus esperanzas, comprende el sufrimiento físico y psíquico de su pareja (el dolor del vacío, la angustia del olvido), pero nunca es sencillo compartir la depresión. «Todas las personas sienten únicamente su propio dolor», suelen afirmar las mujeres. Además, la sociedad muestra cierta tendencia a ocultar el pesar de la muerte, sobre todo cuando es la de un niño. En su aislamiento, la pareja deberá hacer frente al dolor y superarlo, tanto para proteger la imagen y la existencia fugaz del niño que murió «antes de ser»,[37] como para retomar las fuerzas necesarias con las que enfrentarse al futuro. Estos padres pueden dirigirse a las asociaciones de apoyo a personas en duelo (como Krisálida, Alaia y otras), que les ayudarán a expresar su dolor y a recuperarse.

El nacimiento prematuro

A veces, el bebé llega antes de lo previsto.

En España nacen cada año treinta mil niños prematuros, es decir, que han permanecido en el seno materno menos de treinta y siete semanas o, si se trata de grandes prematuros, entre veintiocho y treinta y tres. El niño abandona la vida intrauterina por diversas razones, como su estado de salud, el de la madre o las condiciones vitales. Aunque los embarazos múltiples constituyen entre el 15 y el 20 % de los nacimientos prematuros, aproximadamente

---
36. En *Carnet Psy*, núm. 31.
37. Muriel Flis-Trèves y René Frydman, *Mourir avant de n'être*, Odile Jacob, 1997.

la mitad de dichos nacimientos se producen sin ninguna explicación.

En ocasiones son los médicos quienes los provocan, para salvar la vida de la madre o la del niño, y en este caso suelen realizarse mediante cesáreas.

Un nacimiento que se produce antes de hora coge a los padres desprevenidos. La madre se siente frustrada por no haber sido capaz de culminar su embarazo, los acontecimientos se suceden con urgencia, no hay nada preparado (ni el entorno físico ni el mental) y, por lo general, el primer encuentro con el niño se siente como un fracaso. Los padres esperaban un bebé sonrosado y regordete, pero ha llegado un ser algo amorfo que «ni siquiera llenaría una caja de zapatos». Nada más nacer, el niño es transferido a la unidad de neonatología, donde, según su peso y sus condiciones, deberá permanecer en la incubadora bajo reanimación o vigilancia, con el cuerpecito repleto de agujas, tubos y aparatos de seguimiento. El recién nacido será totalmente transparente para los médicos pero opaco para sus padres, que sólo podrán aproximarse con precaución. Afortunadamente, el bebé no permanece aislado en la actualidad, sino que se permite que los padres tengan un acceso controlado a la unidad de reanimación.

Las horas que siguen al nacimiento son especialmente difíciles para la pareja. La madre se demora en la sala de partos, donde acaba de dar a luz y quizá debe ser curada, así que es el padre quien acompaña al bebé a la unidad de cuidados intensivos. Él será el primero en ver y tocar al pequeño. Su posición como mensajero entre el recién nacido y la madre puede aportarle cierta gratificación, pues ahora ha pasado a ocupar un primer plano y se le ha dado la responsabilidad de hacer de vínculo, de ser el portador de noticias. Sin embargo, ¿qué noticias? Los médicos no le dan demasiada información ni alimentan demasiado sus esperanzas, de modo que, tras los cristales de la incubadora, el joven padre se siente solo, impotente, inquieto y decepcionado. Su orgullo ha recibido un golpe, teme por la vida de su hijo y no sabe qué noticias debe darle a la madre. Medita una y otra vez lo que le dicen: que no dramatice, pero que tampoco se tape los ojos; que tenga confianza y que no muestre su decepción. Tarda en llamar a la familia y los amigos, pues «es mejor esperar...». ¿Se puede hablar de un nacimiento sobre el que pesa la muerte sin que esta se sienta desafiada? ¿Se puede contemplar un futuro cuando «la vida está a las puertas de la vida»?[38]

En ocasiones, el miedo es tan grande que los padres dejan de conjugar los tiempos verbales en futuro. Los acontecimientos los marca el día a día o, incluso, el minuto a minuto.

La mujer que acaba de dar a luz experimenta toda una gama de sentimientos. Primero llega la contrariedad por haber «adelantado» la llamada y la culpabilidad por no haber sabido llevar a buen puerto el embarazo; después aparece la herida narcisista por haber creado un bebé débil y diminuto; y entonces llega la ansiedad. La angustia ante la muerte, puesto que nadie puede afirmar que el bebé vaya a sobrevivir; el terror ante la medicalización de la vida; la vergüenza por permitir que su hijo sufra. La madre también confiesa «sentir deseos de llevarse al niño para alejarlo de todos esos cuidados invasivos». Poco después aparece la frustración, pues no le permiten actuar como otras madres y acunar a su bebe, hablarle y sonreírle. Ella tendrá que acostumbrarse al extraño universo de los servicios de neonatología, tendrá que ponerse la bata, el gorro, las protecciones de los pies y la mascarilla, tendrá que lavarse las manos para tocar a su bebé y, a pesar de to-

---

[38]. Catherine Druon, *À l'écoute du bébé prématuré*, Aubier, 1996.

das las precauciones, siempre le aterrará la posibilidad de transmitir algún microbio al pequeño.

Los días fluctúan entre la inquietud y las dudas, puesto que la evolución y el progreso adoptan forma de sierra. La esperanza se desvanece con la misma rapidez con la que aparece. Unas décimas de fiebre, una regurgitación o un suspiro hacen que el corazón dé un vuelco. ¿Cómo acercarse al niño? ¿Cómo hacerlo en su justa medida, sin excesos ni carencias?

Enseguida se plantea la cuestión del nombre, la forma de dar existencia al niño real, por frágil que sea. ¿Pero cómo llamar Clemente o Victoria a ese cuerpecito que se esconde bajo las sondas y las perfusiones?

> Matilde y Fabián se quedan paralizados cuando sus gemelos nacen tras seis meses y medio de embarazo. Uno de ellos está muy enfermo y el pronóstico es pesimista. ¿Qué nombre darán al que va a sobrevivir? Matilde, diseñadora gráfica, preparó con gran amor la tarjeta que anunciaba el nacimiento de su primer hijo, pero ahora no sabe cómo dar a conocer la llegada de los gemelos. Deciden no comunicar la noticia a su familia, pues se sienten incapaces de soportar los comentarios, la compasión o los regalos. Se sienten bombardeados por el estupor, incapaces de proyectarse en un futuro tan próximo. No desean compartir su dolor, pues temen la torpeza de las personas de su entorno.

Al regresar a casa con su maleta, la madre siente una punzada en el corazón al ver la cunita vacía. La cólera, la envidia, el desasosiego y el desánimo suelen marcar este periodo en el que impera la fatiga. Es posible que el padre se sumerja en el trabajo o en el deporte (cada uno administra el estrés como buenamente puede), mientras que la madre regresará a diario al hospital (para alimentar al pequeño), durante tantos días o semanas como se prolongue la estancia. Efectuará el trayecto que separa su hogar del hospital tantas veces como sea necesario para que el niño se acostumbre a su mirada y a su voz, y cada día se preguntará si sobrevivirá y si quedarán secuelas. El personal sanitario le dará informes teñidos de ambivalencia, que ella recibirá con admiración, impaciencia y envidia, pues es a su bebé a quien manipulan, auscultan, examinan y clavan agujas. La pareja sufre un intenso dolor emocional, pues los siete meses de espera del bebé ideal se han saldado con una estancia en reanimación de un bebé que no se parece en nada a lo que habían imaginado y al que no se atreven a recibir con júbilo por miedo a que les abandone.

Es posible que los cónyuges se sientan unidos ante esta dura experiencia, que se apoyen mutuamente, que compartan sus pensamientos, sus inquietudes y su angustia por el futuro, y que se escuchen mutuamente y comprendan su agotamiento.

Pero también es posible que la tensión sea demasiado fuerte y bloquee la comunicación entre ambos. Cada uno evitará la mirada y la tristeza del otro o le guardará rencor por su calma o su semblante indiferente. En ocasiones se prodigarán reproches en un intento de buscar culpables: «Esto ha ocurrido porque has fumado demasiado, has trabajado demasiado, has viajado demasiado...». A lo que ella podrá responder: «No, ha ocurrido porque me has estresado demasiado, porque no me has ayudado a cargar las compras, porque estás en paro y soy yo la que tiene que encargarse de todo...».

—¿Cuándo comenzaron sus problemas de pareja? —pregunta la terapeuta, intentando que la cuestión sea lo más abierta y ambigua posible.

—Cuando nació Aurelia —responden a la vez Marian y Esteban.

Y entonces explican, por turnos y comentando sus respectivas versiones, pero sin contradecirse en ningún momento, la siguiente historia: se conocieron a los treinta años. En un principio, su relación fue de amistad, pero cada día constataban un poco más su complicidad, su visión común del mundo, su proximidad. También eran conscientes de sus diferencias, que no hacían más que reforzar su complicidad.

Proximidad, respeto, interés por el otro. La atracción fue inmediata para él y más lenta para ella. Los primeros meses fueron perfectos; estuvieron a la altura de las exigencias y las expectativas de ambos. Al cabo de un año, Marian se quedó embarazada. Los futuros padres no hablaron demasiado de este embarazo, pues estaban demasiado centrados en sus respectivos trabajos. Aurelia llegó dos meses antes de lo previsto y Marian y Esteban evitaron compartir su angustia y sus temores. Se limitaron a hacer frente a la situación, a hacer aquello que debían hacer…

Marian pasaba las veinticuatro horas del día con su bebé, que estaba dentro de una máquina. Aurelia era un ser diminuto y muy frágil que necesitaba ayuda para vivir y debía ser protegido de la «violenta» asistencia médica. La alta tecnicidad de los cuidados de la unidad de neonatología no hacía más que reforzar en Marian el sentimiento de ser la única que podía proteger a su hija. Sin embargo, no podía hacerlo. El ruido y la furia del hospital.

Por su parte, Esteban iba y venía. Trabajaba, se encargaba del traslado que deberían haber efectuado con más calma, y cada vez que tenía un momento, se acercaba al hospital. Sin embargo, no conseguía ser consciente de lo que estaba pasando en realidad. El bebé de la incubadora era casi virtual y no se atrevía a cogerlo en brazos. Podía mecer a Aurelia en su mano, pero no lo hacía porque la pequeña era demasiado frágil y solía estar dormida y entubada cuando llegaba. Evitaba compartir su angustia con Marian, que ya estaba demasiado preocupada por Aurelia y no deseaba inquietarla más. Es posible que tampoco fuera consciente de su propio nivel de estrés. Al menos, eso es lo que dice ahora. Considera que hizo todo lo que sabía hacer: ser eficiente, fuera cual fuera el precio moral o físico que pagar, y dormir poco.

Marian tampoco le dijo a Esteban que le daba miedo no saber ser madre, que le embargaba la angustia. Deseaba enseñarlo antes posible a su hija a ser independiente, a pesar de que ella sólo podía vivir este momento en la dependencia.

Poco a poco, la voluntad de proteger al otro y la dificultad para mostrarse disponibles hizo que ambos advirtieran que el otro se estaba alejando. Siempre es el otro quien se aleja. Cuando abandonaron el hospital, el balance era el siguiente: dos meses de puertas cerradas para Marian y Aurelia y dos meses de agitación para Esteban. Pero todavía no tenían tiempo para hablar, pues debían instalarse, tenían un montón de cosas (distintas) que hacer y necesitaban dormir de vez en cuando. Ambos se sentían incompetentes. Esteban consideraba que su sentimiento paternal se había puesto en marcha de forma retardada y se sentía mal por ello. Marian estaba desbordada y tenía los nervios a flor de piel. La fatiga también contribuyó a que sus caminos divergieran y a que ambos se sintieran abandonados.

En este ejemplo, el parto prematuro intensifica con fuerza lo que siente la pareja. La brutalidad de la llegada del niño cuando ninguno de los dos se siente preparado hace que se acentúen los sentimientos. La madre se siente culpable por no haber sabido llevar a buen puerto su embarazo y el padre se siente culpable por no ser capaz de reconfortarla. Ella siente que él no la protege de las «brutalidades hospitalarias» (el médico aparece con diez estudiantes que se inclinan sobre la incubadora haciendo que se sienta excluida).

Paradójicamente, las mismas cualidades que destacan de su relación (proximidad, respeto al otro, interés y atenciones, mismos valores) pasan a convertirse en las herramientas que incidirán en su alejamiento y en un sentimiento de soledad. Ninguno pide nada al otro por miedo a «estar exagerando» y tampoco reciben ayuda del exterior porque les cuesta compartir sus sufrimientos y sus necesidades.

¿Y si son dos?

La llegada de gemelos suele ser perturbadora. Estos embarazos suelen iniciarse con un reposo forzado para evitar que se produzca un parto prematuro. La organización es distinta, pues todo se multiplica por dos: los biberones, los pañales, el insomnio, los cochecitos y el espacio que ocuparán los bebés en los brazos, en el hogar o en el coche. Sin embargo, los días seguirán teniendo veinticuatro horas.

El padre deberá aceptar que las tareas paternales se entrometan en el terreno conyugal. ¡Y menudas tareas! Necesitarán ayuda del exterior para efectuar las dieciséis tomas y dieciséis cambios de pañal diarios. El padre también sentirá diferentes emociones: sorpresa, conmoción, orgullo, inquietud. ¿Los gemelos nacerán sanos? ¿Podrán ofrecerles una buena educación? ¿Cómo seguir funcionando como pareja ante este maremoto? Quizá, los cónyuges reconsideran sus compromisos profesionales, uno para ganar más dinero y el otro para encargarse de la tarea educativa, unos sacrificios que pueden comportar resentimientos. Las tensiones serán inevitables porque la fatiga y las obligaciones se impondrán a la necesidad legítima de poder respirar de vez en cuando.

Los padres deben ser conscientes de las dificultades de los primeros meses y asumir que es bueno reconocer que se sienten sobrepasados, tristes, extenuados o que tienen ganas de hacer cualquier cosa, salvo tener otro hijo. Poder delegar cierto tiempo a terceros evitará el desánimo. Además, compartir una cena íntima en un restaurante les permitirá darse cuenta de que todavía hay una vida de pareja tras el ciclón de los gemelos…

II
LA NUEVA FAMILIA

5
El parto

Por fin llega el parto. El alumbramiento, como se decía antiguamente.

Hace meses que este momento se programa, se visualiza, se vive, se desea, se espera y se teme. Pero pocas veces se desarrollará tal y como se había imaginado.

Myriam Szejer[39] recuerda, de forma anecdótica, que no todo el mundo puede nacer como Enrique IV, «con tres empujones, ayer, en Pau». Así fue como se lo anunciaron a su padre, Antonio de Borbón, que se encontraba de caza a cientos de kilómetros de distancia, ignorando los dolores del parto de su esposa, Jeanne d'Albret, y su posible sentimiento de soledad. En aquella época, como cuenta la película *Las señoritas de Rochefort* (1967), este acontecimiento «enorgullecía al varón y ennoblecía a la dama», si sobrevivía.

Para la pareja, el parto es un momento de bifurcación esencial. El modo en que será vivido por cada uno de los cónyuges, tanto por separado como de forma conjunta, se inscribirá en la historia común, en las alegrías y las esperanzas hechas realidad, pero también en los posibles rencores, en los sentimientos y sensaciones que resulta difícil compartir.

---
[39]. Myriam Szejer y Richard Stewart, *Ces neuf mois-là*, Robert Laffont, 1994.

El momento adecuado y el control de la angustia

Los últimos días del embarazo pueden ser difíciles para la cohesión de la pareja. ¿Quién está más nervioso de los dos? Es importante que cada uno intente calmar las angustias del otro y que intenten ser complementarios. La mujer escucha su cuerpo, pero este utiliza un lenguaje nuevo que no siempre consigue descifrar. Es posible que haya sentido un par de veces las contracciones que preceden al parto y que se haya equivocado. Sin embargo, le da miedo que le coja desprevenida. Hace días que tiene la maleta preparada, pero teme los fines de semana, los puentes y las vacaciones, por si su obstetra se ausenta de la ciudad o está demasiado ocupado. Es posible que corra a la maternidad demasiado pronto y que «moleste para nada» a su compañero. Cuando llegue el segundo aviso, ¿se mostrará igual de disponible o intentará convencerla de que se está equivocando de nuevo y la obligará a asumir un riesgo innecesario?

Si se les preguntara, muchos hombres dirían que les gustaría saber escuchar, dejar que sus necesidades ocuparan un segundo plano y tomar decisiones sin brusquedad, de forma reconfortante. De hecho, pocos son tan egoístas y cínicos como sugieren ciertas revistas femeninas, que les explican qué no deben hacer cuando llega el momento del parto:

— No consideres que las tres de la madrugada no es una buena hora para ponerse de parto.
— No digas: «¿Estás segura de que esta vez es la buena? Recuerda que he quedado con Marcos para probar la nueva consola».
— Ni se te ocurra comentar: «Si se alarga demasiado, espero que haya tele porque hoy es el España-Francia...».

Ciertas actitudes, ciertas frases, pueden considerarse egoístas o estar fuera de lugar y resultar dolorosas (por ejemplo, dedicar demasiada atención al sofá o al asiento del coche en caso de que la mujer rompa aguas).

El hecho de considerar que la parturienta está demasiado nerviosa puede hacer que se cometan ciertos errores con el objetivo de calmarla, pues existe una gran diferencia entre «reconfortar» a alguien y «pedirle que se calme».

La ausencia del padre en el momento del parto, sea cual sea la razón, suele vivirse como una traición. La mujer considera que ha sido él quien ha decidido tener otra prioridad en ese momento y puede sentirse abandonada. «Ahora ya sé que no puedo contar con él, que no tenemos los mismo valores». Es importante que esta conclusión sea verificada y confirmada en el futuro…

El dolor del parto

Desde hace unos treinta años, las mujeres pueden confiar en la medicina para no sufrir dolor durante el parto. Sin embargo, aún tendrán que transcurrir varias décadas antes de que dejen de sentirse culpables por rechazar este sufrimiento, puesto que las generaciones anteriores (es decir, sus propias madres) soportaron con entereza el suplicio para traerlas al mundo. El parto sin dolor ha permitido que muchos hombres dejen de sentirse culpables por no tener que pasar también por este sufrimiento. Ya se ha comentado con anterioridad que la sociedad evoluciona más deprisa que las mentalidades individuales, de modo que es frecuente encontrar mujeres que aseguran que no podrán ser buenas madres si no sufren durante el parto, puesto que una buena madre «debe pasar por ello». Para algunas, el dolor sigue siendo una prueba iniciática y, para ciertos hombres, sigue siendo una prueba que desearían imponer.

Desde los años sesenta, los compañeros han ido reemplazando poco a poco a las madres en las salas de parto. En la actualidad, es poco habitual que una mujer pida a su madre que la acompañe durante este proceso. El parto ha dejado de ser un asunto de mujeres y de familia para convertirse en un momento que se vive en pareja.

Durante el parto, el hombre no debe exhibir más angustia que ella. Es importante que se muestre atento, disponible, reconfortante y protector; es importante que se convierta en un apoyo y en un recurso en caso de que surjan complicaciones.

¿Qué lugar ocupa el padre?

El parto, aunque se desarrolle sin problemas, despierta sentimientos muy diversos. Impulsa al individuo hacia una animalidad no siempre sospechada, pero también hacia una capacidad de mostrar empatía y compasión.

Ya sea de forma voluntaria o impuesta, el hombre se encuentra junto a la comadrona o la persona que se encargará de traer a su hijo al mundo. Está a los pies de su mujer, en primera fila, donde será el primero en ver la cabecita del pequeño y conocer su sexo (en caso de que hayan preferido no saberlo hasta el final). Y lo hará provisto o desprovisto de una cámara que registrará los primeros instantes de la vida *ex utero* del pequeño. Esta misma situación se reproducirá si los padres deciden tener a su hijo en casa, a la antigua usanza, tal y como intenta fomentar la moda «biológica»...

Pero lo que ve puede sorprenderle, conmocionarle, «traumatizarle». El hombre asiste a un espectáculo tan difícil de soportar que, con frecuencia, se siente incapaz de mirar a su compañera a la cara. A algunos hombres les cuesta rememorar este momento, que hace aflorar un sentimiento de disgusto en la sexualidad, difícil de superar.

Lo que está en juego en la habitación del hospital

Las horas que siguen al parto son muy importantes. Dependiendo de la fatiga de la parturienta y de su estado de ánimo, el nuevo padre será el encargado de calmar su angustia, asegurarse de que pueda descansar y proteger la intimidad de los tres como familia.

Es posible que ella le reproche que no proteja a los suyos si permite que las visitas se impongan o si no se da cuenta de sus necesidades.

Esté o no presente en la sala de partos o en el pasillo, es él quien debe anunciar la noticia a sus allegados y, por lo tanto, autorizar o impedir ciertas conductas. Como la estancia en el hospital es bastante breve, no dispone de demasiado margen de maniobra, de modo que deberá mostrarse firme y diplomático. Una vez más, deberá priorizar los deseos de su mujer (y los supuestos intereses del niño) frente a los suyos propios o los de otros.

> «No quiero que haya visitas hasta después del mediodía», le dice Teresa a su marido, pues ha pasado la noche de parto y desea descansar un poco para sentirse más fresca cuando llegue el momento de presentar a Pablo. Julián le transmite el mensaje a su madre y le pide que tenga un poco de paciencia antes de precipitarse al hospital, para que Teresa pueda dormir un poco.
> ¡Y menuda sorpresa se lleva Teresa cuando despierta a las dos de la tarde y descubre a Pablo en brazos de su suegro! A Julián no le resulta sencillo comprender las contradicciones, incoherencias y cambios de opinión de Teresa.

¿Acaso ella misma los comprende? Después del parto, la mujer suele sentirse confusa, pues su centro de gravedad cambia de forma brutal.

Sus reproches más frecuentes suelen ser: «Te has pasado la tarde enseñando con orgullo a tu bebé mientras yo permanecía en la cama, sin que nadie se interesara por mí. Tengo la impresión de que sólo soy una ponedora que ya ha cumplido su misión. Ni siquiera te has dignado a darme las gracias».

Al igual que las bodas y los funerales, la habitación de la clínica suele ser el lugar donde se desvelan nuevas noticias familiares.

> Roberto, de cincuenta años, visita a su hija María, que acaba de tener a su primer hijo. Roberto, que crió solo a su hija, contrajo matrimonio de nuevo cuando ella se fue de casa. María está orgullosa de presentarle al pequeño, pero entonces se entera de que su padre y su esposa han adoptado a dos pequeñas gemelas y que estas llegarán de su país natal a la semana siguiente. Él no le había dicho nada para no angustiarla durante las últimas semanas del parto.

Sin duda, esta noticia tendrá ciertas repercusiones sobre la pareja de María, según se sienta traicionada o reconfortada. Por ejemplo, si considera que su padre ocupa un lugar demasiado cercano en su vida, a María la reconfortará saber que su nueva familia le permitirá despedirse del amor fusional que siente por ella.

También es posible que surja algún conflicto con el nombre, si alguien decide modificarlo en el último minuto. Antaño, los padres tenían tres días para inscribir al niño en el registro. Como la madre guardaba cama, era el padre quien se desplazaba y, en ocasiones, se producían ciertas sorpresas. En la actualidad, los procedimientos administrativos conceden un mayor margen de movimiento y, de hecho, ahora son ciertos padres quienes aseguran sentirse sorprendidos por el nombre con el que ha sido registrado su hijo. Como no es fácil que ambos puedan estar presentes en el registro después del parto, muchas parejas dan a conocer sus intenciones de forma anticipada. Hasta ese momento, y sobre todo si se trata de su primer hijo, habrán dedicado mucho tiempo a negociarlo y a consultar los diferentes «libros de nombres». En la actualidad, el nombre tiene un gran peso, pues proyecta parte de los deseos y esperanzas de los padres. La mayoría de los conflictos que surgen hacen referencia a la connotación concreta del nombre y a la filiación a la que hace referencia («Está más ligado a tu familia que a la mía»). Por lo general, las parejas intentan conciliar los deseos de ambos mediante un segundo nombre (o incluso un tercero) que permite equilibrar las referencias a las familias de origen. Por otra parte, los padres jóvenes suelen buscar nombres originales para acentuar su voluntad de independizarse de sus familias. También pueden surgir ciertos conflictos a la hora de plantearse los apellidos que llevará el niño, puesto que la Ley 40/1999 de 5 de noviembre, sobre nombre y apellidos y orden de los mismos, autoriza que los padres, bajo ciertas condiciones, transmitan a sus hijos el apellido de la madre, del padre o ambos unidos por guión, según el orden que deseen.

¿Cómo saber si lo que se siente es «normal»?

Diversos libros, textos y artículos se apoyan en teorías psicoanalíticas o de otros ámbitos de la psicología humana. Muchos padres o futuros padres se sienten incómodos al leer dichos artículos, pues consideran que lo que sienten no se corresponde en absoluto con lo que supuestamente deberían sentir. Consideran que deberían estar viviendo lo que la teoría describe como habitual, como «normal». Las teorías, al estar ampliamente difundidas (algo que es positivo en sí), corren el riego de ser presentadas sin matices.

Por ejemplo, una joven embarazada puede considerar que no será una buena madre porque de momento no está reproduciendo, tal y como ha leído, el embarazo de su madre. También es posible que otra, al evocar el encuentro amoroso, considere no haber revivido con su pareja la reactualización del complejo de Edipo y, por lo tanto, tampoco el compromiso inconsciente de unirse. Si esta mujer no comprende que el matrimonio es un amor ya vivido y que se realiza con la esperanza de elaborar una historia familiar, ¿deberá poner en duda su amor? ¿Deberá considerar que no ha elegido bien porque su «buena elección» debería haberse traducido en esta «evidencia»?

Estas cuestiones suelen planteárselas aquellas personas que dudan en exceso de su elección y solicitan a los expertos o a otros que la validen. Sin embargo, estos puntos también deben tenerse en cuenta en momentos de fragilidad, de vulnerabilidad. El embarazo, el parto y la perinatalidad son periodos en los que el apoyo se hace más necesario que nunca, puesto que se viven acontecimientos totalmente desconocidos que ya han sido experimentados antes por millones de personas. Los científicos de diversos ámbitos están legitimados a describirlos, pero el paso de la generalidad a la singularidad es arriesgado. Los profesionales, la familia y los amigos deben ser cautelosos y no decir verdades que podrían ser entendidas como pasos obligatorios: «Ya verás, vas a sentir que...», «Toda mujer revive...», «El sentimiento de paternidad te obligará a...».

Cuando los periodistas o los psicólogos describen aquello que tiene lugar en el inconsciente de diversas personas, considerando que se trata de los procesos habituales, están formulando generalidades (y tienen razones para hacerlo). Sin embargo, ¿cómo puede un individuo representar el funcionamiento de su propio inconsciente si, por definición, el inconsciente está más allá de la conciencia?

La mujer que acaba de dar a luz por primera vez se siente confusa: está viviendo unos momentos que para ella son extraordinarios, aunque millones de mujeres los han vivido con anterioridad desde hace miles de años. Muchas dicen que necesitan estar a solas con su bebé para experimentar nuevas emociones que les resulta difícil expresar con palabras. Al mismo tiempo, necesitan saber que todo lo que sienten es normal y no patológico. Desean dejarse llevar por la exaltación, sabiendo que no se trata de ninguna extravagancia. Algunas sienten la necesidad de compartir sus sentimientos y sus sensaciones con amigas que ya hayan tenido niños, con su madre, con su pareja o con un psicólogo.

¿Cómo enfrentarse a estos extraños momentos, si la joven madre ya no es del todo ella misma? Por ejemplo, el siguiente diálogo interno le demostrará que la única alternativa es la culpabilidad o el silencio:

«Esta noche he tenido una pesadilla. He soñado que tiraba a mi hijo, y cuando he despertado, el bebé estaba llorando. He hecho lo imposible por calmarlo. No quería mamar ni tampoco que lo meciera. ¿Quizá ha sentido que en mi sueño yo creía que no lo quería? Sin embargo, si he sido capaz de soñar algo así, es que no lo amo lo suficiente. ¿Los sueños evocan nuestros deseos ocultos? No estoy dispuesta a explicarle a cualquiera que hay momentos en los que me enerva, en los que consigue sacarme de quicio».

Sin embargo, esta ambivalencia es muy habitual y suele tener una virtud «ecológica», pues funciona como una válvula de escape para el estrés, la ansiedad y la agresividad.

¿Y quién no albergaría estos sentimientos en una situación de esclavitud? Por esta razón es importante hablar con la pareja, saber divertirse de vez en cuando, intentar confiar más en el otro... y desacralizar la figura del «bebé».

La llegada del bebé

El tango de la pareja se baila entre dos, pero la llegada del niño complica la coreografía. Todo cambia: la música, el ritmo, la orquesta y la armonía entre los bailarines, y puede que incluso las ganas de bailar. Cada uno puede tener la impresión de ir a contratiempo y que estén tirando de él. El entusiasmo, el buen humor y la improvisación no siempre bastan para encontrar la cadencia y la complicidad.

En muchas parejas, la negociación fundada sobre la empatía y la escucha del otro permite superar las crisis, pero cuando entra en juego un bebé, esto no siempre es suficiente, puesto que son múltiples las causas que provocan minicrisis, irritaciones, exasperaciones y angustias. Además, la figura del bebé pasa a ocupar un lugar destacado. Por esta razón, vamos a intentar evocar las principales diferencias afectivas que cada miembro de la pareja atraviesa y hace atravesar al otro.

Hasta este momento, la pareja evolucionaba (o intentaba evolucionar) hacia el «presente», la ligereza, la seducción y el placer. Ahora se encuentra en un remolino donde se juntan las limitaciones, el peso del pasado de ambos y el de sus respectivas familias de origen, además de las responsabilidades y las reflexiones sobre la vejez y la muerte. Sin embargo, ahí también está el placer de ver evolucionar al niño, con la convicción delirante mejor compartida por el mundo entero («Él es el más guapo y dice que yo soy la mamá más guapa del mundo»).

Si el amor ocupa el primer plano de la escena, que es lo más habitual, son diversos los sentimientos que puntúan el ciclón de la emociones. El psicoanalista inglés Winnicott utiliza la expresión «amor despiadado» para referirse a las relaciones entre la madre y el bebé, y revela en un texto célebre las diecisiete razones que tiene una madre para detestar a su hijo (que descansan en el fondo de su inconsciente, sin que se ponga en duda el amor que siente por él): «Sin embargo, la madre odia a su bebé desde el principio. Creo que Freud afirmaba que, en ciertas circunstancias, una madre sólo podía sentir amor por su hijo varón, pero me atrevo a dudar de dicha afirmación. Conocemos el amor maternal y apreciamos su realidad y su poder. Por lo tanto, permitan que les muestre algunas de las razones por las que una madre odia a su hijo, sea o no varón:

»El niño no es su propia concepción (mental).

»El niño no es aquel con quien jugaba en la infancia, el hijo del padre, el hermano, etc.

»El niño no se ha producido mágicamente.

»El niño supone un peligro para su cuerpo durante el embarazo y el parto.

»El niño interfiere en su vida privada, supone un desafío para la ocupación anterior. En mayor o menor medida, la madre alberga el sentimiento de que su madre le ha exigido tener este hijo, de modo que lo ha creado para conciliarse con ella.

»El niño la hiere en los pezones cuando mama, cuando succiona.

»El niño es cruel. La trata como si fuera menos que nada y la convierte en su esclava.

»Ella debe amarlo tal y como es, con excrementos incluidos, al menos al principio.

»Él intenta hacerle daño, la muerde de vez en cuando, y todo por amor.

»El niño demuestra con frecuencia lo mucho que le desilusiona su madre.

»Su amor ardiente es un amor de despensa, de modo que en cuanto obtiene lo que quiere, la descarta como si fuera una peladura de naranja.

»Al principio es necesario que el niño imponga su ley, que sea protegido de las coincidencias, que la vida se desarrolle a su ritmo. Esto exige un trabajo minucioso y constante por parte de la madre. Por ejemplo, tiene que mostrarse tranquila cuando lo tiene en brazos, etc.

»Él no sabe cuánto hace su madre por él ni cuánto se sacrifica. Y, sobre todo, no puede dejar espacio al odio de su madre.

»Se muestra suspicaz y rechaza el buen alimento de su madre, haciéndola dudar; sin embargo, come perfectamente con su tía.

»Tras una mañana espantosa, la madre saca al niño a dar un paseo y este dedica una gran sonrisa a un extraño, que le dice: "Qué niño más simpático".

»Si ella se equivoca en los comienzos, sabe que él se lo hará pagar durante toda la eternidad.

»El niño es provocador, pero la madre debe abstenerse de caer en esa provocación».[40]

---

[40]. Donald W. Winnicott, «La haine dans le contre-transfert» (1947), en *De la pédiatrie à la psychanalyse*, Payot, 1969 (trad. esp.: *Escritos de pediatría y psicoanálisis*, Paidós Ibérica, 2002).

6
El regreso a casa

Con el regreso a casa, llega el momento de preparar un cóctel sutil de creatividad original y rituales retomados, adaptados al gusto del día y de cada uno. El cambio, anticipado e irreversible, se ancla en la realidad. Ellos tenían dudas, estaban prevenidos, lo habían deseado. ¿Pero podían imaginar que este cambio afectaría al espacio, al tiempo, a las relaciones sociales y familiares, a su intimidad y a lo más profundo de sí mismos?

Con un mínimo de movimientos, esta personita de tres kilos y cincuenta centímetros, que duerme la mayor parte del tiempo, va a cambiar el centro de gravedad de su mundo y transformar sus prioridades.

Incluso la felicidad que se siente es compleja: ¿cómo encontrar palabras originales para expresarla y compartirla? A algunos les cuesta comprender que, en un pasado reciente, consideraran inocentes o incluso ridículos a aquellos amigos que acababan de ser padres y se extasiaban ante su primogénito, pues ahora son ellos quienes están atrapados en esta locura ordinaria, que hace que su bebé se convierta, por arte de magia, en el más bonito del mundo. «No lo digo porque sea mi hijo. Lo digo porque realmente es magnífico…». ¿Qué es esta alquimia que une al niño con sus padres y que, en unas horas, consigue que estos sepan reconocerlo frente a cualquier otro, todos parecidos y todos diferentes? La magia opera si los padres se dejan llevar, si aceptan someterse a ciertas limitaciones. Aunque es un mago maravilloso, necesita a sus devotos ayudantes; tiene su puesta en escena y unos pocos accesorios, pero desarrolla lentamente su habilidad.

De vuelta a casa, Teresa sueña, abrazando con fuerza a su bebé. ¡Ha cambiado tanto en cuatro días! Está menos arrugadito y siempre está dormidito. Teresa desea tranquilidad para poder acoger a su hijo, descubrirlo y protegerlo..., aunque la verdad es que no sabe de qué. Desea establecer cierta intimidad. Vigilante, sabe que debe pensar en una intimidad a tres bandas, que debe dejar un espacio para Julián, el marido convertido en papá. Las historias que le han contado sus amigas regresan lentamente a su memoria. Echando mano de sus enseñanzas, le ha pedido a Julián que no invite a nadie sin preguntarle antes su parecer. Piensa en Jessica, a quien su marido decidió dar una sorpresa tras el regreso de la maternidad y, al llegar a casa, se encontró con quince personas: sus hermanos y hermanas, sus cuñados y cuñadas y sus amigas más íntimas. Jessica, sofocada, no supo qué decir, pero su marido puso la guinda al pastel con un: «No van a quedarse mucho rato porque me apetece estar a solas contigo y con nuestra hija. Sólo tienes que prepararles un gran plato de patatas, como cuando éramos estudiantes». Teresa se pregunta si a Julián se le habría ocurrido una idea similar. Espera que no, pero de todos modos ha preferido prevenir. Sabe que aquel día Jessica tuvo la impresión de que algo se rompía en su relación, que tanta incomprensión ante sus necesidades y un egoísmo semejante sólo podían significar el fin de la complicidad.

Deja al bebé en su cunita. Las dudas le asaltan, pero siente que no puede expresarlas en voz alta. Ahora, el piso se le antoja muy pequeño. ¿Deberían trasladarse enseguida o es mejor esperar? Le irrita constatar que su suegra ha conseguido imponerles la cuna que perteneció a Julián, pero también se pregunta a qué se debe su irritación. ¿Es legítima? ¿Podrá negociar darle una nueva capa de pintura? Sabe que no debe atacar a Julián de frente.

¿A quién «pertenece» este bebé?

Las hadas empiezan a inclinarse sobre la cunita para dar su parecer: «Tiene los ojos de su padre y la sonrisa de la madre». Más adelante, el pequeño será cabezota como su tío paterno (¿realmente es un cumplido?) u obstinado como su tío materno (que está enfadado, aunque nadie sabe por qué, con su hermana), porque acoger al bebé significa integrarlo en la genealogía. Comienza la rotación de las visitas.

Si los padres se conocen desde hace tiempo, seguramente tendrán amigos comunes y estarán familiarizados con el carácter de sus respectivos parientes. Si están casados o cultivan las relaciones familiares, habrá menos riesgos de que les sorprendan los comentarios de las diferentes visitas.

—Ah, no cabe duda de que este bebé ha salido a nuestra familia. Tiene la nariz del tío Alberto.

Con un poco de suerte, el tío Alberto será un personaje simpático y apreciado.

—Tiene las orejas un poco caídas. Eso es un rasgo de vuestra familia, ¿verdad, Teresa? En nuestra familia, todos tenemos las orejas bien firmes.

Estos comentarios, que persiguen el objetivo de apropiarse de las cualidades del niño y rechazar ciertos «defectos», no deben desestabilizar la complicidad de los padres. Sus respectivas familias los siguen considerando miembros de su clan de origen e intentan que lo sigan siendo, pues aún no han asimilado que ya han construido las bases de su propia familia, surgida de las dos, pero diferente.

Si esta diferenciación no se consolida, es posible que los nuevos padres encuentren en este punto un motivo de desacuerdo, pues cada uno sentirá la necesidad de mostrarse solidario con su propia familia de origen.

Los comportamientos que se deben adoptar para ser leales a las tradiciones y a las supersticiones particulares son más complejos.

Por ejemplo, en ciertos lugares del sudeste asiático no se pueden hacer cumplidos sobre el aspecto físico del bebé, pues de lo contrario los espíritus envidiosos podrían llevárselo. La gente dirá, adoptando un tono tierno, que el bebé es realmente feo, que tiene las orejas muy grandes y la nariz aplastada. Si la pareja es mixta y uno de los padres no conoce esta cultura, sin duda estas palabras le desconcertarán.

La verdad es que todas las parejas son culturalmente mixtas: cada familia posee sus propios valores, creencias y ritos para integrar a sus nuevos miembros. Los consejos de las abuelas y las tías pueden recibirse con alegría, pero si se perciben como impuestos, se considerarán un intento de acercar más al niño hacia una de las dos familias. Las madres jóvenes suelen ser sensibles a este sentimiento («Tu madre considera que este niño le pertenece; no me deja ocupar mi lugar»). Esto va acompañado de otro sentimiento: «Siempre dejas que haga lo que quiera y nunca haces nada por protegernos. Siempre te pones de su lado y eres incapaz de contradecirla». Estos sentimientos serán aún más intensos si la madre vive lejos de su familia o si es huérfana de madre.

Para crecer, el niño debe ser inscrito en aquello que será su historia y la de sus padres, debe ocupar su lugar en el árbol genealógico. El conjunto de roles aceptados, pero deformados, que los miembros de una familia adoptan como actitud defensiva y que no pueden ser puestos en duda por el mundo exterior se denominan «mitos familiares». Estos permiten que la familia se constituya como columna vertebral, como eje alrededor del cual se desarrolla una parte de la historia común. Por su contenido, los mitos se refieren a los grupos de creencias compartidos por todos, que son las representaciones implícitas o explícitas que unen a los miembros de la familia (aunque se encontrarían numerosas contradicciones lógicas si alguien se encargara de analizarlas). De este modo, una persona puede decir que el bebé «es muy independiente para su edad, como los miembros de la familia X» o que «sin duda ha heredado el talento artístico de las mujeres de la familia Y».

Sin embargo, durante los días que siguen al regreso a casa, el bebé está con sus padres, en su nuevo entorno. Las hadas que se inclinan sobre su cuna, presidiendo su destino en función de sus propios deseos y dando consejos que deberán ser seguidos bajo pena de traición, pueden, sin pretenderlo, desunir a la pareja.

Anunciar el acontecimiento

> Teresa le pregunta a Julián si ha encontrado una imprenta para las tarjetas.
> —Pensaba hacerlas yo mismo con el ordenador. Así nos saldrá más barato y será más entretenido.
> —Yo prefiero hacerlo a la antigua. Si sigo la tradición, haré feliz a mi familia. Los artesanos tienen que vivir. Conozco una imprenta en la que todavía se puede sentir la tinta y la pluma...

¿Se avecina el conflicto? Modernidad contra tradición... ¿Se trata de una prueba para saber quién va a ceder o para inyectar la dinámica del compromiso? También entra en juego la cuestión de los rituales, que contribuirán a integrar al niño en las familias de origen. El anuncio, el bautismo (o cualquier otra forma de ingreso en la comunidad), será el primer vínculo entre el bebé y los suyos. La pareja también puede inventar sus propios rituales: organizar una fiesta, plantar un árbol, llenar un álbum de fotos del bebé, hacer una película que acoja al recién llegado y en la que intervengan todos los miembros de ambas familias y todos los amigos... Los padres podrán dar rienda suelta a su creatividad o alcanzar un acuerdo sobre el modo de apropiarse de los diferentes rituales tradicionales de sus respectivas familias.

La tristeza puerperal

Desde hace una década, la estancia en el hospital es breve. Por lo general, la madre regresa a su hogar tres o cuatro días después del parto, apenas en cuanto le sube la leche, en un momento en que se siente sumamente frágil. Como el 80 % de sus compañeras, seguramente ha derramado ya algunas lágrimas ante la cunita de su bebé, en el hospital.

Al llegar a casa con el niño en brazos, todo el mundo espera ver el rostro radiante de una madre satisfecha, pero ella parece triste, fatigada e irritada. Su estado de ánimo puede deberse a diferentes razones: sufre un trastorno hormonal o una angustia difusa, le da miedo no saber ocuparse de su hijo, le preocupa ser una «mala madre» o es consciente de la dualidad de sus sentimientos tras la confrontación «real» al niño. Todo esto puede hacer que la joven madre se sumerja en una tristeza que su entorno no suele entender. ¿Acaso no tiene todo lo que necesita para sentirse dichosa? La mirada vagamente desaprobadora de terceros incrementa su malestar y hace que se sienta culpable. Es posible que opte por silenciar la negrura de su ánimo y que se limite a decir que está «fatigada», pues esta excusa resulta más admisible. Sin embargo, se ha pasado la tarde llorando debido a lo mucho que le ha costado poner el pañal al bebé, que estaba muy nervioso porque no se enganchaba bien a su pecho, y porque no soporta sentirse vigilada por su suegra.

> Antes del primer baño, Coral hojea diversas guías de puericultura en busca del «método perfecto». Una aconseja el jabón de glicerina; otra, una leche de farmacia, y la tercera previene contra los peligros del primer baño (el bebé resbala, cuidado con el cuello). A Coral se le caen las lágrimas. ¡Jamás será capaz de cuidar bien de Tristán! ¡Todo es demasiado complicado! Nicolás, su marido, le dice: «Si te pones a llorar como una cría ante una estupidez, ¿qué harás el día que realmente ocurra algo grave?». Estas palabras hacen que se sienta nula y culpable, por haber permitido que los acontecimientos la superaran. A partir de ahora, considerará ilegítimo todo lamento y no explicará sus sentimientos a nadie, por miedo a ser juzgada. Sintiéndose incomprendida, se irá tragando su resquemor…, pero ¿hasta cuándo?

Resulta útil que el compañero sepa descodificar las emociones de la madre. Si conoce la verdadera naturaleza de esta «tristeza puerperal», será capaz de entender la realidad que se oculta tras el término *fatiga* y sabrá acompañar a su mujer durante estos primeros días, además de reconfortarla y apoyarla.

Aunque fue tabú durante largo tiempo, la tristeza puerperal es, en la actualidad, un incidente reconocido y con frecuencia reparado. Las emociones intensas que se viven durante el embarazo y el parto someten a la psique a una dura prueba. Ajustarse a la posición de madre, reconocer al niño como hijo y acceder de repente a una nueva generación requiere cierto tiempo de adaptación. La tristeza puerperal es un estado transitorio que conveniente tener en cuenta, pero sin dramatizar. Si se prolonga demasiado o surgen problemas más severos que afecten a la relación madre/niño, podrá hablarse de «depresión posparto». En este caso, el compañero deberá tener una presencia real junto al niño y tomar las decisiones terapéuticas que se impongan.

Cuando la depresión se instala

A diferencia de la tristeza puerperal, la depresión posparto puede dar lugar a episodios psiquiátricos graves. No es sencillo establecer estadísticas, pero estas revelan que las hospitalizaciones psiquiátricas durante el transcurso de la puerperalidad tienen una incidencia del 1-2 % entre la población general. La psicosis puerperal representa el 2-5 % del conjunto de trastornos psíquicos. De estos, entre el 15 y el 20 % se desencadenan durante la gestación y son más frecuentes en caso de embarazo múltiple; el 60-80 %, durante el posparto (sobre todo si el bebé nace antes de tiempo y la madre es primípara), y el 5-20 %, durante la lactancia. La edad medida de las mujeres afectadas por este trastorno se sitúa entre los veinticinco y los treinta años, aunque cabe señalar que las primíparas añosas representan la población más vulnerable.

Existen una serie de síntomas precursores, como los lloros o la fatiga durante los tres primeros días posteriores al parto. Más adelante, la madre se siente confusa, obnubilada y muy angustiada. Presenta problemas de memoria y de percepción, que se alternan con periodos más calmados. Después de la confusión aparece el delirio, que provoca alucinaciones auditivas y visuales. Dicho delirio se centra en la relación madre/hijo, en la negación de la maternidad y los propósitos siniestros o lúgubres, de modo que existe cierto riesgo de suicidio o infanticidio.

La evolución bajo tratamiento de la depresión posparto suele ser buena a largo plazo y es poco habitual que este episodio se repita.

En cambio, el riesgo de recurrencia de la psicosis puerperal aumenta un 20-30 %. Entre el 51 y el 65 % de las mujeres a las que se les ha diagnosticado psicosis puerperal presentan con posterioridad uno o varios episodios tímicos fuera del contexto del posparto. Un pronóstico positivo se caracteriza por la ausencia de antecedentes psiquiátricos, la aparición de trastornos en un posparto muy precoz, la semiología aguda y el hecho de que la confusión mental ocupe el primer plano de los síntomas. En cambio, los antecedentes psiquiátricos, la personalidad prepsicótica, los accidentes tardíos del posparto (insidiosos y que no causen confusión) y los cuadros que evoquen una psicosis crónica periódica sugerirán un pronóstico más sombrío.

En ocasiones se producen cambios de humor muy marcados que deben ser diferenciados de los simples momentos de tristeza o emoción pasajera.

Entre la tercera semana y el fin del primer año de vida del bebé, la lactancia y el destete pueden producir estados depresivos, disociativos y confuso-oníricos agudos.

La depresión de los padres y sus efectos sobre la pareja

Si la mujer es consciente de estar sufriendo la tristeza puerperal, es importante que no deje de lado a su compañero. Si el trastorno es demasiado intenso, si se prolonga, será necesario que el padre esté informado y que se haga cargo de la situación, sobre todo si la madre debe recibir ciertas atenciones. Si el padre no comprende lo que está ocurriendo, es posible que se sienta abrumado, impotente y traicionado por esta mujer que le ha dejado plantado y al cuidado del bebé.

También es posible que piense que su mujer le ha ocultado sus antecedentes psiquiátricos y, por lo tanto, se sentirá engañado. Una pesada carga caerá sobre su espalda, pues estará solo para mantener a su familia, criar a su bebé y ocuparse de su mujer discapacitada. Cabe señalar que estos sentimientos no contribuirán a mejorar el estado de la madre.

El famoso «duelo del niño ideal, imaginario» es una etapa importante para el padre. También él se ha permitido imaginar a ese niño maravilloso que fue él, en su día, para sus padres. El psicoanalista Serge Leclaire[41] escribió: «La práctica psicoanalítica se funda en la evidencia del trabajo constante de una fuerza de muerte: la que consiste en matar al hijo maravilloso (o aterrador) que, de generación en generación, es el testimonio de los sueños y deseos inconscientes de los padres; su vida depende de la muerte de la imagen primera, extraña, en la que se inscribe el nacimiento de cada uno».

Algunos padres no pueden afrontar este hecho y deciden partir, renunciar, huir. En ocasiones, la tarea les parece insuperable, sobre todo si se encuentran ante gemelos o trillizos. Sería difícil y criticable recurrir a la depresión para justificar el número de adulterios que se producen durante este periodo, pues ciertos hombres desean verificar que siguen conservando su capacidad de seducción y, si la paternidad ha desarrollado en ellos aspectos femeninos que ignoraban tener, que su virilidad está intacta. Probablemente, consideran estar ocupando una posición de sumisión, y el hecho de seducir a una mujer que se siente interesada por ellos se convierte en un acto de rebeldía.

También es posible que la depresión sea más insidiosa y que, poco a poco, el hombre decida renunciar a todo. Se

---

41. Serge Leclaire, *On tue un enfant*, Le Seuil, 1975.

convierte en una persona inconstante, en un autómata, en la víctima del avasallamiento doméstico. Como este treintañero que previene a un amigo de lo que le espera en cuanto sea padre:

> Los problemas empiezan al regresar del hospital. Sin que te des cuenta, ella cambiará. Te reprochará todo aquello que no hagas, las miles de cosas que espera de ti. Además, te tachará de irresponsable y de mal padre. Y te aseguro que no será fácil. Estará completamente histérica y, ya podrás hacer lo que quieras, que seguirás siendo un incompetente. No se te ocurra pensar que esta situación terminará pronto… pues se instalará para siempre. Cada dos horas hay que dar de comer al bebé, cambiarlo y acunarlo entre diez y cuarenta minutos… o una hora si tiene gases. Entonces, volverá a tener hambre y comenzará de nuevo el proceso. Y aunque no quiero asustarte, sentirás que envejeces de repente. Si me preguntas si hay una escapatoria, la respuesta es «no». No hay ninguna, salvo escapar.

Cuando la depresión aparece en nuestros seres cercanos

El parto es un acontecimiento que implica a los miembros de ambas familias de origen. En ocasiones, los vínculos que existen entre uno de los nuevos padres y uno de sus parientes más cercanos es tan intenso que los efectos del parto resultan devastadores. Por ejemplo, la madre de la parturienta inaugura un estado delirante en el que imagina que ella ha traído al mundo, de nuevo, a su bebé. Su convicción es tan sólida que pone en peligro al bebé y a su hija, como una rival que pretende robarle a su hijo.

O una hermana mayor, que no se ha casado ni tiene hijos, intenta suicidarse. O un hermano empieza a beber de forma desmesurada, o a drogarse, o sorprende a todo el mundo en el momento del bautismo manifestando un estado de exaltación ante todos los presentes.

No es extraño que el nacimiento de un bebé comporte descompensaciones psiquiátricas en un ser cercano. Estas revelan la fragilidad de aquel que las sufre, pero también ponen de manifiesto la intensidad del vínculo que unía (o une) a los protagonistas. Para el cónyuge, se tratará de una situación violenta que podrá ir acompañada de inseguridad, pues deberá proteger al bebé y también a su pareja. Entonces le surgirán dudas sobre la peligrosidad de su familia política (¿puede dejarla a solas con el niño?) y sobre el futuro de su relación, teniendo en cuenta la reversibilidad de los conflictos.

Las primeras semanas del bebé

Las primeras semanas que pasa el recién nacido en casa suelen resultar extrañas. Ambos padres se preguntan cómo adaptarse al nuevo ritmo y los puntos de vista se contradicen.

—Es raro, pero ya no recuerdo cómo eran antes las cosas —suele comentar Teresa.

Por su parte, Julián es consciente de que en ocasiones repite aquellas palabras que escuchaba en su infancia:

—Si empiezas a ceder, sabrá que puede hacer contigo lo que quiera. Sabes perfectamente que sólo es un capricho.

A lo que Teresa responde:

—Los bebés no son caprichosos. Lo único que ocurre es que no conocen otra forma de expresar sus necesidades o su incomodidad.

El tono podrá ir subiendo con rapidez, dependiendo de las ganas que tenga cada uno de defender su posición y de que esté o no convencido de tener razón. Julián, por ejemplo, está defendiendo lo que pensaba su padre en el pasado, pues considera que consentir los caprichos es un error...

□ Respecto a la lactancia

> Carolina y Ricardo tienen veintiocho años. Carolina, que ha sido desde siempre una madre latente, ha encontrado en Ricardo al padre ideal para sus hijos, pues es gentil, atento y paciente..., muy distinto al padre frío y violento que la crió.
> Ricardo es el cuarto de ocho hermanos. De su familia, dice que es «mediterránea, modesta y clásica; afectuosa y trabajadora; su madre, ama de casa, tiene poco tiempo para cada uno; el padre llega cansado del trabajo pero está orgulloso de su familia». Ricardo trabaja mucho y, durante el embarazo (saben que será niño), los deseos de ambos se convierten en motivo de conflictos. Carolina desea dejar de trabajar durante una larga temporada, pues es miembro de una asociación que defiende la lactancia hasta después del año, tanto por razones afectivas como sanitarias y dietéticas. Ricardo piensa que no conviene proteger tanto al niño, que cuanto antes se socialice, mejor. Carolina asume que Ricardo desea separarla de su hijo y que no desea que disfrute de sus primeros meses.
> Le pide que lea el boletín de su asociación, donde hay testimonios de mujeres que han dado el pecho a sus hijos hasta los dos años. Ricardo le dice entonces que no son los niños quienes deben decidir el momento de destetarse y que no desea que sus hijos se críen con la idea de que sus padres estarán siempre a su servicio.

Todas las cuestiones sobre «el arte de acomodar a los bebés» (título de un libro[42] de obligada lectura sobre la histo-

---
42. Geneviève Delaisi de Parseval y Suzanne Lallemand, *L'Art d'accommoder les bébés*, Seuil, 1980.

ria de las modas y las certidumbres de la perinatalidad) pueden convertirse en motivo de conflicto: el tipo de tetinas, los ositos de peluche, el tipo de biberón o de pañal, la marca concreta de ciertos productos..., es imposible realizar el inventario completo. Sin embargo, detrás de cada conflicto o de cada debate ético o ideológico, los padres pueden tener la voluntad de adaptarse el uno al otro u ocupar una parte del territorio. Es posible que busquen un compromiso o una renuncia, un pequeño acto de cobardía que más adelante podría ascender hasta la superficie.

☐ **De improviso**

Seguimos con Teresa, Julián y Pablo, que continúan adaptándose a su nueva situación.

> Ese día, la cena se convierte en un momento mágico. Julián ha llegado del trabajo a la hora prevista. Por la mañana ha dejado una nota a Teresa para decirle que él se encargaría de cocinar y eso es lo que ha hecho... y bastante bien. Ella se siente conmovida por sus atenciones y, como hace tiempo que tiene asumido que él no va a hacer la cena cada día, este tema no provoca ningún conflicto.
> Teresa toma la palabra:
> —¿Sabes? Deberíamos prestarnos más atención. Deberíamos dejar más tiempo para nosotros.
> —Lo sé, pero todavía no me siento preparado para salir y dejar solo al bebé, con otra persona distinta a nosotros.
> —No se trata de eso. Pablo es demasiado pequeño y tampoco yo me siento preparada. Además, sería estúpido que nos obligáramos a ir a un restaurante, pues estaríamos hablando de él en todo momento y seríamos incapaces de apartar los ojos del móvil por si nos llamara la canguro o tu madre... Quiero que hablemos sobre nuestras posiciones con respecto a aquello que hacemos con él, pues considero que, si no tenemos cuidado, po-

drían acabar convirtiéndose en una bomba de relojería. Por ejemplo, imagina que deseas pasearlo en la mochilita. Yo te digo que hace mucho frío y que la mochilita no es adecuada porque todavía no aguanta bien la cabeza, y tú responses que se la sujetarás en todo momento. Yo te tacho de egoísta por querer pasear al niño ignorando su comodidad y tú me responses que soy una madre abusiva que no desea separarse de su hijo y que no te dejo espacio como padre. Nuestras posiciones podrían enquistarse, pues, en nuestra opinión, tendremos razones legítimas para pensar como pensamos.

—Supongo que será necesario que confíes más en mí.

—Sin duda, pero tú tendrás que hacer lo mismo. Sería bueno que me escucharas, que me demostraras de vez en cuando que intentas comprenderme, aunque no compartas mi punto de vista.

—¡Supongo que no querrás que pasemos dos horas discutiendo cada vez que uno de los dos quiera hacer algo con el niño!

—Por supuesto que no. Lo único que intento es mostrarte que por lo general estamos de acuerdo, al menos para dejar hacer al otro. Por ejemplo, durante el baño, he tenido que hacer muchos esfuerzos por no reprenderte cada vez que me parecía que no tenías bien cogido a Pablo, que ibas a hundirle la cabeza en el agua o que lo sujetabas con demasiada fuerza.

—Lo sé. Sentía tu crispación y, en ocasiones, eso era lo que hacía que mis gestos fueran más bruscos.

—O sea, que ahora es culpa mía. ¡Qué bonito!

Pero Julián está de buen humor:

—Bueno, sólo querías mostrarme aquello que debemos evitar: este tipo de fórmulas que sólo persiguen encontrar culpables.

—Gracias por calmarme. Sabes que me enfado con facilidad, así que ayúdame a no enervarme sin motivo.

☐ Mi infierno está lleno de buenas intenciones

Tres semanas más tarde, la noche ha sido difícil. Teresa se ha levantado dos veces y le ha costado volver a dormirse, pero Julián no se ha enterado de nada. «Bueno, mejor para él —intenta convencerse—. No sirve de nada que los dos estemos despiertos».

Entonces, el bebé empieza a llorar de nuevo.
—Ya voy yo —dice Julián.
—¿Sabrás hacerlo esta vez? —replica Teresa, lamentando de inmediato el «esta vez».
—Ten confianza en mí... por una vez.
El bebé ha empezado recientemente a tomar biberones.
—Coge el biberón esterilizado.
—Ya lo sé, tranquila.
—Y no calientes demasiado la leche. Algunos bebés se queman porque la leche está demasiado caliente.
—Escucha, me he levantado para que puedas descansar un poco. ¡Duerme!
Una media hora más tarde, Teresa está de pie:
—¿Por qué le has puesto este pelele? Le queda muy pequeño. Mira. El niño está envarado en su interior.
—He cogido el que estaba arriba del todo, en el cajón.
—Lo dejé ahí a posta. Lo tenía preparado para devolvérselo a Jessica, que vendrá este mediodía. A Pablo ya no le cabe y su amiga Sonia acaba de tener un bebé...

Teresa podría añadir: «Si es para ocuparte así, gracias, pero prefiero hacerlo yo». Si lo hace (resulta tentador, pero sería una injusticia), estaría apoyándose en hechos anteriores, estaría saldando ciertas deudas. Estas podrán ser del mismo tipo (Julián quiere hacer de papá que ayuda a su esposa, que es la que lo organiza todo, pero se muestra tan incompetente o poco responsable que ella es incapaz de confiar en él) o de otro diferente (la pregunta «¿Puedo confiar en Julián?» puede hacer referencia a las responsabilidades materiales, morales o sexuales; sin embargo, no se puede utilizar un pelele como pretexto para abordar cuestiones de fondo, de pareja...).

También es posible que se sienta decepcionada tras haber constatado que las iniciativas de Julián no alivian su carga de trabajo, pero que prefiera guardar silencio.

Y cabe la posibilidad de que se muestre animada e intente convencerse a sí misma de que Julián cada vez tomará más decisiones.

Por otra parte, él podría decirle: «Ya va siendo hora de que aceptes que alguien más se ocupe de Pablo; el destete también es para ti. Además, deja de ponerme trampas, como esa forma de ordenar la ropa blanca, que obedece sólo al placer perverso de hacer que los demás se sientan incompetentes. Nadie puede saber que un pelele doblado y colocado en la parte superior del cajón está destinado a no ponerse».

En este caso, lo que siguiera a continuación dependería de su nivel de fatiga y de su capacidad y voluntad de detener la escalada simétrica del conflicto que se está gestando.

Es posible que Julián cite a George Bernard Shaw: «No le digas nunca a una mujer que vas a decepcionarla. ¡Sorpréndela!».

Una noche, Julián se da cuenta de una cosa:

Llega a casa más tarde que de costumbre, después de una reunión de trabajo imprevista y frustrante, y necesita relajarse y compartir sus inquietudes profesionales con Teresa. Ella lo recibe con frialdad, pues Pablo está resfriado y gruñón. Ha cenado mal y no quiere dormir.

Julián intenta que se duerma para estar tranquilo, pero todo es inútil. De repente, pierde los nervios y empieza a gritar al pequeño. Fuerte. Después muy fuerte.

Pablo mira a su padre, primero sorprendido y después asustado, antes de echarse a llorar.

Julián se dirige entonces a la cocina y empieza a increpar a Teresa, para que sepa que ella es la responsable de esta tensión, de los gritos y de la conmoción.

Más tarde, Julián se siente avergonzado. Está enfadado consigo mismo por haber perdido los nervios con el pequeño. También está enfadado con Teresa por haberle dejado solo. Y está enfadado por haberse enfadado con ella. Al fin y al cabo, también ella tiene derecho a estar de mal humor. Es consciente de que, debido a la «inmunidad» de Pablo, Teresa está en primera línea para ser víctima de su malhumor. Julián se siente mezquino. No lo soporta y piensa: «¿Cómo he llegado a esto?».

La vergüenza, la fatiga y el rencor son sentimientos que dejan un sabor amargo. Son los sentimientos de Julián, que está enfadado consigo mismo por sentirlos y que está molesto con Teresa por haberle obligado a sentirse así. Poco a poco, este tipo de sentimientos dan paso al desprecio, tanto hacia uno mismo como hacia el otro..., y el desprecio erosiona la relación y la conduce al abismo.

Mientras intenta conciliar el sueño, Julián recuerda estas palabras de Pessoa:[43] «Todo pasa... la fatiga de las ilusiones y de todo aquello que estas comportan. La pérdida de estas mismas ilusiones, la inutilidad de tenerlas, la fatiga previa de tener que tenerlas para perderlas después, la herida que queda al haberlas tenido, la vergüenza intelectual de haberlas deseado sabiendo cuál sería su fin...».

Entonces se levanta, va a la habitación de Pablo y abraza a su hijo dormido disculpándose. Al regresar al dormitorio advierte que Teresa está despierta. Julián decide dejar su amor propio a un lado.

—Lo siento. Estaba muy tenso cuando llegué. A veces olvido que jugamos en el mismo equipo. Estaba enfadado y tenía la impresión de que, con tu actitud, querías decirme que tú también estabas cansada y que era yo quien debía hacer el esfuerzo. Entonces pensé: «Cada cual a lo suyo...».

—Y yo pensé lo mismo... Lo siento. La próxima vez que estés tenso por algún tema de trabajo, házmelo saber antes de volver a casa. Así estaré prevenida e intentaré mostrarme más cautelo-

---

43. *Libro del desasosiego*, El Acantilado, 2002.

sa. Yo haré lo mismo si no me siento en forma. Te llamaré y te diré: «¡Madre agitada de fuerza cuatro!».

La economía de la flexibilidad

Se trata de un concepto creado por Gregory Bateson.[44] La palabra *economía* podría traducirse como «posición» o «postura», según el sentido filosófico de este término, que ha sido descrito a la perfección por Jean-François Mangin.[45]

El arte de los miembros de la pareja consiste en pasar de un estado de inestabilidad a otro, como un funambulista que avanza sobre la cuerda floja. Cada uno intenta adaptarse a las posibilidades del otro, pero también a los contextos y a las dificultades. Nuestra flexibilidad depende de nuestro deseo de mostrarnos flexibles, pero también de nuestra capacidad para encajar las dificultades y establecer nuestras prioridades. Esta también guarda relación con nuestras heridas y cicatrices anteriores.

Como *rígido* tiene connotaciones peyorativas, el antónimo de *flexible* sería más bien *tenso* o *tirante*, términos que varían en función de la situación y la dificultad.

La llegada de un bebé multiplica las dificultades y reduce el umbral de flexibilidad de cada uno. Por ejemplo, el padre que lleva el bebé en la mochilita, la bolsa con el cambiador a la espada y las bolsas de la compra (leche y pañales) en las manos, tiene poca disponibilidad para realizar gestos imprevistos. No encontrará el teléfono móvil a tiempo de responder a su pareja, que le habrá llamado para pedirle que compre el periódico de camino a casa.

---
44. Gregory Bateson, *Vers une écologie de l'esprit*, tomo II, Seuil, 1980 (trad. esp.: *Una unidad sagrada: pasos ulteriores hacia una ecología de la mente*, Gedisa, 1993).
45. Jean-François Mangin, «De l'archéologie batesonnienne à l'économie de la souplesse», *Générations*, núm. 7, septiembre 1996.

Por lo tanto, tendrá poca economía de la flexibilidad. Para aumentar la flexibilidad conviene:

— incrementar la abertura hacia el exterior o, lo que es lo mismo, recibir e intercambiar información con otras personas. De este modo, la pareja podrá advertir las similitudes que guardan ciertas situaciones difíciles y conocer las soluciones adoptadas por otros para apropiárselas e intentar reproducirlas. Se trata de un ejercicio pedagógico, pues el hecho de aprender de los demás permite aprender a aprender y, por lo tanto, aumentar la flexibilidad;
— saber moverse entre los niveles de exigencia de las demandas y la expresión de las necesidades. Del mismo modo que es importante dejar constancia de las demandas, es necesario dejar espacio para las diferentes respuestas, para no reducir la flexibilidad del otro.

El sentimiento de responsabilidad

La llegada del bebé desencadenará, en sus padres, una serie de reflexiones internas de las que no siempre serán conscientes. En términos filosóficos, lo que se modifica es la existencia del individuo; lo que toma una nueva dimensión es la esencia de su ser. La existencia remite a una facultad específicamente humana: trascender y realizarse. El bebé, ya sea el primero o el segundo, aporta una base a la familia y ancla al individuo en una relación. Esa otra persona va a convertirse en una parte esencial de él mismo.

   Durante los primeros días de vida en común con el bebé suele imponerse el sentimiento de responsabilidad. Y en ocasiones lo hace con una precipitación que resulta brutal. En este dominio también se constata con sorpresa que aquello que era conocido y esperado realmente tiene lugar, pero no del modo imaginado. Es posible que, para la mujer, esta responsabilidad haya nacido durante el embarazo y que, para el hombre, no sea más que un concepto. Sin embargo, se impondrá ante la llegada del bebé.

«La responsabilidad del padre con respecto al niño es el arquetipo intemporal de toda responsabilidad, debido a su evidencia inmediata», escribe el filósofo Jonas.[46] Implica la noción de deber. «La simple respiración del recién nacido impone un "deber" irrefutable a su entorno, para que sepa que debe ocuparse de él...». El filósofo establece la diferencia entre *irrefutable* e *irresistible*, pues, según explica, una persona puede resistirse, por diferentes razones superiores, a la llamada de crear una nueva vida. Sin embargo, la orden inmediata y evidente del «ocuparos de mí», va acompañada de la necesidad de perpetuar la especie.

Esta fuerza del deber, de la necesidad, «de estar allí», sorprende con frecuencia al padre. En ocasiones intenta sacudir estos vínculos, resistirse a ellos, pero sabe que no podrá liberarse. ¿Cómo amar a un ser deseando que sea libre? ¿Cómo ser libre uniéndose a los seres que uno ama y que le devuelven este amor?

Como no puede enfadarse con el bebé por imponerle limitaciones, es posible que el padre dirija su ira, de forma intermitente, contra la madre del pequeño, a quien considera (erróneamente) responsable de esta situación.

La ética relacional

Dos árboles genealógicos se entrelazan para dar paso a una nueva rama, que será diferente a la suma de sus dos com-

---

46. Hans Jonas, *Le Principe de responsabilité*, Éditions du Cerf, col. Passages, 1990 (trad. esp.: *El principio de responsabilidad*, Herder, 1995).

ponentes. Cada generación transmite a la siguiente una parte de aquello que recibió de la anterior, lo que el terapeuta de familia Ivan Boszormenyi-Nagy, estadounidense de origen húngaro, denomina «equilibrio de justicia intergeneracional».[47]

Cada miembro de una familia inscribe su línea en este libro de cuentas. Dicho registro, que contabiliza los méritos y las deudas acumuladas, representa el equilibro entre «dar» y «recibir». Es evidente que, desde el momento en que se acepta formar parte de una familia, surgen conflictos entre las necesidades y los derechos de cada uno de los miembros. Sin embargo, dichos conflictos se consideran naturales, no patológicos.

El nacimiento de un bebé es un momento en el que se reevalúa la lealtad de la familia de origen o, de forma más o menos consciente, en el que cada uno piensa en las cuentas que se saldan: una deuda de vida con los padres, sobre todo con la madre; una deuda de lealtad, legitimidad o incluso honor con el padre, si este se la ha transmitido a su hijo. Con el nacimiento, el bebé se une a sus ascendientes, permitiendo que sus padres zanjen parte de la deuda que contrajeron en su día con sus respectivos progenitores. Una deuda que será inmensa si estos les amaron, les permitieron crecer, les ayudaron a inscribirse en la sociedad y les enseñaron a amar y a ser independientes. Con frecuencia se habla de la ingratitud de los hijos, a los que se da tanto pero abandonan a sus padres en cuanto dejan de necesitarlos; sin embargo, la llegada de la siguiente generación permite zanjar este tema. Compensación, intereses incluidos, dilapidación, moratoria..., independientemente de la metáfora económica que mejor

---

47. Ivan Boszormenyi-Nagy y B. R. Krasner, *Between Give and Take, A Clinical Guide to Contextual Therapy*, Nueva York, Brunner/Mazel, 1986.

se adapte a la situación familiar concreta, suele ser imposible saldar por completo esta deuda. Es probable que, a este respecto, se adopte una dinámica que favorezca el «injerto» de la nueva rama en los árboles que le han dado nacimiento: «Como no puedo saldar por completo la deuda que he contraído con mis padres, que tampoco han acabado de saldar la suya, me inscribo con mi familia en esta línea familiar a la que pertenezco, a la vez que desarrollo mi propia familia. También sé que mis hijos no me devolverán por completo todo aquello que les dé con mi tiempo, mi energía y mi sangre».

Todos se esfuerzan en ser mejores padres, según los criterios del momento, y la nueva generación permite establecer cierto equilibrio.

Este libro de cuentas también existe en el seno de la pareja. Cada uno da y considera normal recibir a cambio. La flexibilidad de la relación de pareja favorecerá el hecho de no exigir que la deuda sea saldada de forma inmediata. También permitirá imaginar que esta asimetría es sólo temporal. Los enamorados consideran que la repartición de poderes puede establecerse sin hablar. Analizan sus deseos y los comparan con aquellos que creen que tiene el otro. Cada uno puede optar por renunciar a ellos por el bien de la relación o de su cónyuge, ya sea en silencio, tras una negociación o sin ella. El psiquiatra François Balta[48] denomina «caricias invisibles» a estos pequeños sacrificios que uno hace por el otro, a sus espaldas y sin decirle nada. Por lo general, cuando llega el momento de volver a hacer balance, quien efectúa estas «caricias» se siente impulsado a reprochárselo al otro, pues tiene la impresión de que no han sido reconocidas ni devueltas.

---

48. François Balta, «Les caresses invisibles», en *Actualités en analyse transactionnelle*, 1994, 18 (69), págs. 7-10.

La llegada del niño hace que el libro de cuentas sea más prosaico. Se abre con regularidad, pues el peso de lo cotidiano es tal que cada uno puede sentirse herido. Esta es una de las causas más frecuentes de conflicto en el seno de la pareja.

Lorenzo ha decidido ir solo a la consulta de un terapeuta. De momento, la terapia de pareja está bloqueada. Lorenzo y su mujer se mostraron muy solidarios durante el proceso de procreación médica asistida, que se saldó de forma negativa. En la actualidad, sus voluntades difieren en lo que respecta a la adopción. Ella quiere tener un hijo «a toda costa», pero Lorenzo se niega. No puede concebir la idea de ser padre de un niño al que se verá obligado a decirle que no es su «verdadero» padre. Además, es consciente de que buscaría en el niño, de forma incesante, todos aquellos rasgos que no le resultaran familiares.

Lorenzo es incapaz de despedirse de la transmisión genética, de la sangre. «Si la mujer se despide del embarazo, el hombre debe despedirse de la continuidad de la sangre», dice el psicoanalista Nazir Hamad.[49] Lorenzo dice que ama profundamente a su esposa, pero que es incapaz de adoptar un niño, ya sea para complacerla, para ser generoso o para compensarla del luto de su proyecto de hijo. Si es padre algún día, lo será por completo. La paternidad le devuelve a la tierra, a la educación sin palabras que recibió de su padre. En su opinión, los gestos de los agricultores y los artistas se transmiten a través de la sangre, a través de la continuidad generacional. Le gustaría regresar a su pueblo natal algún día y volver a abrir el taller de su padre, que, a su vez, lo heredó del suyo.

El terapeuta no puede atacar de golpe esta creencia de transmisión a través de la sangre. Además, su trabajo no

---

49. Nazir Hamad, *L'Enfant adoptif et ses familles*, Danoël, 2001.

consiste en intentar convencerle de que la adopción es deseable y que podrá trasmitir sus valores, si así lo desea, a sus hijos biológicos o adoptados. De momento, esta creencia es inquebrantable. El terapeuta se enfrenta a un obstáculo, y es mejor abordarlo de frente que intentar rodearlo.

El terapeuta impulsará a Lorenzo a reflexionar sobre el niño ideal que imagina, el niño que sueña tener. ¿Cómo lo ha construido? ¿Cómo ha conseguido anclarse con tanta solidez en su deseo y su imaginación? ¿Por qué este niño sólo puede ser un varón que aceptará las tradiciones familiares, sin traicionarlas ni cuestionarlas? Esta rigidez puede llevar a la decepción (si el niño decide obrar a su antojo) o a la tiranía (si el padre utiliza su poder de persuasión para suprimir por completo la autonomía del niño). Esto le remite a la relación que mantiene con su padre, al que traicionó para reencontrarse con su futura mujer, en la ciudad, para completar sus estudios. Esto ocurrió en silencio, sin una palabra, pues así fue como su padre le impuso sus ideales de vida: en silencio, entre hombres.

Con el tiempo, Lorenzo comprenderá que lo que espera de su hijo es que repare al hijo que él rompió, que lo que pretende es crear un ser «idéntico a él» que restaure todo aquello que ha deshecho. Esta comprensión le aliviará y le permitirá desprenderse de su rigidez. Entonces, podrá abordar de nuevo el tema de la adopción con su esposa.

7
La construcción del padre

Ya hemos dicho que el padre necesita cierto tiempo para poder definirse como tal. Con frecuencia, vive este tiempo como si fuera una rápida conmoción, pues en cuestión de meses pasa de la elaboración del deseo del niño (si ha tenido tiempo para sentirlo y expresarlo) a la toma de conciencia del embarazo. En cuanto nazca el pequeño, se enfrentará a una serie de interrogantes que brotarán de todas partes: «¿Qué padre eres?, ¿qué padre serás?, ¿serás capaz de mantener tu papel, tu lugar y tu posición?, ¿qué padre asociado a qué madre serás?».

Y las aves de mal agüero añadirán: «En caso de separación, ¿serás capaz de ocuparte solo de este niño?, ¿serás combativo ante esta madre que estará dispuesta a luchar por quitarte tu tesoro?».

Diversos conflictos de pareja se gestan alrededor de la noción de paternidad, del papel del padre y las cuestiones de autoridad. Dichos conflictos, de los que resulta difícil escapar, reflejan la importancia del tema y lo complicado que es resolverlo con palabras. Sin embargo, también permiten que la pareja se ajuste, se escuche y se comprenda mejor. Cada uno de los miembros de la pareja debe interrogar al otro sobre sus representaciones de la expresión abstracta «ser padre». La coherencia no siempre sale al encuentro, pues este padre que nace no es el mismo que él ha tenido, ni sus rasgos se corresponden con exactitud con los del padre perfecto e ideal que describen los expertos. Un hombre que acaba de tener un hijo va a tejer su forma de ser padre a partir de sus propios esquemas, surgidos de los modelos familiares. Sin embargo, a su tejido se unirán puntos procedentes de las representaciones de su compañera (la madre del niño), del propio niño y del entorno (los testimonios de los amigos y, sobre todo, las fuentes de información orales o escritas).

La evolución de los modelos

Para describir la construcción del tejido, vamos a seguir los diferentes hilos. Como ya hemos dicho, estos proceden, en primer lugar, de las representaciones de cada uno surgidas de su modelo familiar. Los «nuevos» padres de la actualidad nacieron entre los años 1970-1980, y sus respectivos padres, en la década de 1950. Los padres de la actualidad tuvieron padres que buscaban su propio modelo, sufrieron varias crisis y las dejaron atrás con o sin separaciones. Estas turbulencias contribuyeron a forjar las ideas de sus hijos con respecto a la pertenencia a la familia y a modelar sus deseos sobre aquello que esperaban de su futuro cónyuge y sus hijos.

Estos hilos proceden también de la evolución de los modelos sociales. Tras la guerra civil en España, y tras la segunda guerra mundial en gran parte de Europa, se experimentó un éxodo rural sin precedentes. Durante los años cincuenta y sesenta, muchos padres abandonaron el campo y los pueblos para convertirse en asalariados en las ciudades, de modo que la educación de los niños recayó casi exclusivamente en las madres. Estas ausencias, que los «especialistas» pronto consideraron patógenas, fueron el origen de la noción de carencia paternal. Al contemplar el cambio de autoridad «del padre» a la del «padre y la madre», la ley asocia a la madre con la toma de decisiones. También reconoce como idénticas las filiaciones naturales y las legítimas y asume que una madre soltera tiene la autoridad del niño. Este triple plan, legal, familiar y biológico, desestabiliza la paternidad.

Según Geneviève Delaisi de Parseval,[50] son tres los fenómenos contemporáneos que explican la nueva forma que ha adoptado la paternidad:

— en primer lugar, la explosión y la recomposición de las familias, acompañadas de la desvalorización de la institución del matrimonio y el aumento de divorcios, se han traducido por boca de los niños en la llegada de «padrastros», «padres falsos» o «padres verdaderos»;
— en segundo lugar, la modificación del derecho de filiación ha hecho que «la paternidad deje de ser una prerrogativa del padre. Además del poder de la madre, los derechos del niño ocupan un lugar cada vez más importante»;
— por último, el avance de las ciencias biológicas y su introducción en las procreaciones medicas ha desarrollado la paternidad por IAD —inseminación artificial con donante, que permite que un hombre estéril pueda convertirse en padre sin ser el genitor— y por IAC —inseminación artificial con esperma del cónyuge, que permite que una mujer pueda tener un hijo de su marido aunque este haya fallecido.

Los años 1975-1980 fueron testigo de la aparición de los «nuevos padres», expertos en pañales y biberones, que de-

---

50. Geneviève Delaisi de Parseval, *La Part du père*, Le Seuil, 2004.

dicaban todas las atenciones necesarias al bebé mientras las madres estaban ausentes. Estos nuevos padres demostraron que «podían hacerlo tan bien como ellas y reivindicaron estas atenciones como el punto culminante de la paternidad». Sin embargo, su vida profesional seguía siendo una prioridad, de modo que esta situación tenía un carácter puntual. Hace más de medio siglo, Winnicott observó que «ciertos maridos tienen el sentimiento de ser mejores madres que su pareja y pueden ser muy fastidiosos». Esta afirmación es bastante cierta, pues dichos padres suelen adoptar una postura intermitente, comportarse como «madres» pacientes durante tres cuartos de hora y retirarse de repente sin tener en cuenta que una madre debe ser «buena madre» las veinticuatro horas del día y los siete días de la semana.

Para François de Singly,[51] hemos pasado del padre «ascensor», que al llegar a casa coge al niño en brazos y lo levanta a su altura para darle un beso, al padre «caballo», que se agacha y se pone a nivel del niño para ser su montura y jugar con él. Esto tiene el efecto de desestabilizar a las madres, enternecerlas y también irritarlas:

—Con lo tranquilo que estaba antes de que llegaras y has tenido que ponerte a jugar con él para alterarlo.

El padre puede responder, haciendo que suba un poco el tono:

—Lo veo tan poco que es normal que, al llegar a casa, tenga ganas de estar con él.

La disputa comenzará si se apoya en el niño para reforzar su posición y da a entender que la madre no conoce a su bebé:

—Además, no he hecho nada para alterarlo. Lo único que pasa es que se pone muy contento cuando me ve.

---
51. François de Singly, *Sociologie de la famille contemporaine*, Armand Colin, 2004.

La discusión también podrá desencadenarla ella si comenta:
—Sólo te interesas por él. Ni siquiera me has saludado.
Y se intensificará si él añade:
—Veo que no deseas que ocupe mi lugar como padre.

Las diferentes funciones (clásicas) del padre

El padre es quien separa a la madre del niño (no lo alejará de la madre, sino que permitirá que cada uno pueda encontrar, poco a poco, una distancia conveniente); quien facilitará la diferenciación entre la madre y el bebé, y quien aportará ritmo a la relación, de forma que sea discontinua pero segura. Esta función de «separador-mediador» sólo será posible si la madre considera que su hijo está ahí gracias a un hombre, si cuando está con su hijo se permite pensar, de vez en cuando, en terceras personas. Por lo tanto, el hombre persigue la función de contención establecida en el embarazo, que favorece la confianza, la seguridad y la complementariedad. Algunos son incapaces de implementar esta función porque adoptan una posición infantil, no aceptan la llegada de este tercero en la relación que mantienen con su mujer o no reconocen su capacidad de ser una buena madre.

Winnicott sostiene la siguiente teoría: para que una madre sea lo bastante buena, para que tenga una capacidad de ilusión que le permita sentir las necesidades del bebé y responder de la forma adecuada, es necesario que el entorno sea bueno; es decir, que el padre apoye a la madre. Así, el niño toma consciencia de que la madre tiene «la cabeza en otra parte, que piensa en algo distinto a él, en el desconocido que hay en ella; mientras piensa, ella le deja un espacio libre, el de la frustración creativa y liberadora».

Esta toma de consciencia impulsará al niño a buscar otros centros de interés. La finalidad de este proceso consiste en permitir que encuentre una verdadera identidad y una verdadera independencia que le permitan convertirse en un individuo totalmente responsable de sus actos.

Esta triple función no puede desasociarse del fenómeno de identificación. A continuación citamos los elementos de la función paternal que se desarrollarán más adelante, a medida que el niño crezca.

☐ El padre como modelo de identificación

Simplemente señalaremos que no debe confundirse la «identificación» inconsciente con el «ejemplo» que puede proponerse en la consciencia. Más adelante, esta identificación operará de forma distinta en las niñas que en los niños.

☐ El padre, agente de socialización

Desde hace algunos años, los psicólogos del desarrollo han orientado sus investigaciones hacia la paternidad. Sus observaciones son realmente instructivas, sobre todo aquellas que conciernen al papel del padre en la socialización del niño.

Si está lo bastante presente, el padre es una figura de unión tan fiable como la madre. Debido al poder de seguridad que proporciona, la figura paterna permite que el niño viva sin demasiada angustia las situaciones «extrañas».

Las observaciones de los etólogos sobre la interacción entre los padres y los recién nacidos constatan que, sobre el plano de la comunicación no verbal, los padres privilegian el roce y el movimiento, mientras que las madres son más «visuales». Respecto a la comunicación verbal, los padres suelen llamar al niño por su nombre, que marca su identidad, mientras que las madres utilizan todo tipo de diminutivos.

☐ **El padre como tutor en los aprendizajes**

Considerar que el padre será quien permita el aprendizaje es un rol clásico. En la actualidad, ya no está tan diferenciado y puede asumirlo cualquiera de los progenitores, según sus competencias y sus deseos.

¿Cómo definir, entre dos, un modelo ideal?

Los nuevos padres buscan continuamente definiciones de una «nueva paternidad», pero la definición de cada uno debe permitir el establecimiento de una posición cercana y común. Las funciones que se describen a continuación también pueden ser ejercidas por la madre.

Las mujeres esperan un hombre completo, puesto que ellas no son más que «la mitad». Ocurre algo similar en la relación del padre con el niño: el hombre está presente en el sentido completo del término; ya no es sólo padre desde el punto de vista social.

Para ser pragmáticos, la razón querría que cada pareja lograra extraer lo mejor de aquello que es y tiene, para intentar desarrollar las competencias que posee. La construcción del padre se hace a través de pruebas y errores, en colaboración con la madre. Sin embargo, a muchos les cuesta expresar sus ideas con palabras. Sea cual sea la forma de explicarse de cada uno, es importante que la pareja pueda intercambiar sus opiniones sobre el avance de su relación a dos y a tres. Así, cada uno comprenderá mejor las expectativas del otro y podrá compararlas con las propias.

Las de la mujer son complejas, pues dependen del tipo de padre que ha tenido (o padres, si la función paternal ha sido compartida), de aquello que ha podido decirle su madre, de los padres de sus amigas que ha idealizado o detestado, de las películas que ha visto y de los libros que ha leído. Serán más o menos rígidas según el dolor y el sufrimiento que hayan vivido, pero la rigidez en las expectativas conduce a la decepción y esta podrá ser mayor si las expectativas del cónyuge difieren en gran medida de las suyas. Ambos deberán definir el lugar del padre, que durante largo tiempo se ha inscrito de forma negativa. La mujer no desea que el padre esté ausente, que no hable, que sólo transmita silencio o vacío, que no encuentre su lugar o que no se le haya proporcionado ninguno. Sin embargo, no bastará con invertir estas definiciones, pues seguirá siendo necesario aportar contenido a la palabra *paternidad* y darle sentido, para que la expresión *estar ahí* se entienda por completo.

Ser o nacer padre: ¿existe un instinto paternal?

No se puede hablar de instinto, pues este término está reservado al resto de mamíferos, que siguen un ciclo estacional. En los humanos, el sentimiento de paternidad está íntimamente relacionado con el deseo. Un niño se concibe tanto por los propósitos y deseos compartidos como por el acto sexual. La madre debe llevarlo en su cuerpo y el padre, en sus pensamientos y deseos, puesto que el niño es el resultado del lenguaje. El hecho de tener un padre diferencia al ser humano de los perros o los gatos. Una persona buscará siempre a su padre, mientras que un gato nunca lo hará: conoce a su madre y no necesita saber quién es su padre, pues no ha sido concebido en la palabra y el deseo.

Se puede ser buen padre aunque el hijo no sea fruto del deseo. No hay nada irremediable; lo esencial es reconocer la importancia de la palabra.

El instinto paternal (y el maternal) es en verdad la inversión del instinto filial, el modo en que un niño necesita que su padre se instale en su posición de padre. El hombre crea el espermatozoide y el niño crea al padre. La paternidad es una reacción a aquello que los niños crean en los hombres.

☐ ¿En qué momento se convierte un hombre en padre?

No existe una única respuesta a esta pregunta, pues los testimonios revelan diferencias importantes. Algunos se sienten «padres» desde que saben que su mujer está embarazada; otros, desde que ven la primera ecografía; y otros, durante el parto, el primer biberón o la primera sonrisa. Hasta que aparecieron los «nuevos padres», lo más habitual era decir que uno se sentía padre cuando el niño decía «papá» por primera vez. Era el niño quien le nombraba padre.

La construcción del padre puede ser frágil, puesto que suele estar esperando a que se confirmen y validen sus avances.

Con frecuencia se dice que «el niño hace al padre». Se trata de un aforismo lógico, pues, para que se cree, se establezca y se desarrolle una relación, se necesitan al menos dos personas. Sin embargo, esto puede prestarse a interpretaciones múltiples que en ocasiones darán paso a dificultades. El psicoanálisis nos enseña que «el hecho de que el padre se identifique con el niño permite que el niño se identifique con el padre. Un hombre se siente padre al experimentar aquello que experimentó en la niñez. Un buen padre es aquel que se comunica con su hijo porque ve en él al niño que todavía hay en su interior». Sin embargo, esta enseñanza sólo será útil si se recuerda que, aunque el niño haga al padre, este no lo moldea ni lo construye según sus deseos. Muchos padres consideran injusto que se les imponga el papel de «padre fustigador», el que detenta la autoridad (o se muestra autoritario) y frustra sus deseos.

Si su mujer le empuja a ser aquello que no puede ser, se producirá el conflicto. La orden paradójica es clásica: «Te ordeno que tengas autoridad de forma espontánea». Esta fórmula impide toda acción, pues ceder significa someterse y, por lo tanto, no tener autoridad. Rebelarse equivale a ser incapaz de frustrar al niño, frustrando así a la madre, que se sentirá repudiada y sola.

Para Boris Cyrulnik,[52] «la descalificación de los padres es una realidad. Las mujeres han ocupado tal espacio afectivo y social que se habla de regresar a la ley del padre. Sin embargo, no creo que sea posible ni deseable recuperar el antiguo concepto de padre. La autoridad y la ley no deberían estar sexuadas. Los hombres tienen derecho a ser (también) afectuosos y las mujeres tienen derecho a imponer la ley.

»En la actualidad, la competencia laboral de las mujeres es idéntica a la de los hombres. Cuando las feministas asesinaron al padre napoleónico, hacia 1970, le retiraron también un poder que no tenía más que por usurpación. [...]

»Se produjo entonces un momento de fluctuación, pues no supieron repartirse la autoridad. Las madres se la arrebataron a los padres, sin compartir la influencia que concedía. Un hombre sólo tiene autoridad si su entorno se lo permite; de lo contrario, se convierte en un tirano. Al-

---

52. Boris Cyrulnik, entrevista con Claude Weill, *loc. cit.*

rededor del padre tiene que haber una mujer y una sociedad que digan: «Es tu padre y tiene derecho a mandar». Y, ahora, también es necesario añadir: «Tu madre también tiene derecho a mandar».

Uno de los problemas, al parecer muy actual, aparece cuando al padre le inquieta su «imagen», pues busca la aprobación del niño e intenta seducirlo para reforzarse en su paternidad. Sus dudas (sobre su función, su papel y, en ocasiones, él mismo) son tan grandes que necesita al niño para despejarlas.

Seducir al bebé significa creer que es necesario satisfacerlo en todo momento. Tener en cuenta cuáles son las necesidades supuestas del bebé durante las primeras semanas es positivo. Sin embargo, con el tiempo, el niño será capaz de confrontar sus necesidades con las posibilidades de sus padres, con sus límites, con el objetivo de encontrar los suyos. Por lo tanto, si el padre continúa seduciéndolo, no permitirá que el niño comprenda el mundo que le rodea. Entonces, el niño quedará atrapado en un sistema que le permitirá tener el poder, definir la *política de gobierno* y, de vez en cuando, enfrentar a un padre contra el otro. Si lo que está en juego es confirmar que el padre mantiene bien su posición, este se impondrá sobre la madre y se reiniciará el «cada cual a lo suyo».

En nuestra sociedad *maternante*, según el sentido que Winnicott confiere al término, existe cierta tendencia a satisfacer de inmediato el deseo del niño. Ahora bien, si la palabra del padre (o de un adulto que tenga autoridad sobre el niño, que puede ser la madre) no cumple su función de «frustración original», el niño presenta «una falta del ser que se traduce en una reivindicación del tener». Esto podría explicar la fascinación que sienten muchos niños por las comodidades materiales y la energía que invierten para acceder ellas.

☐ ¿El discurso de la ciencia ha acabado con la autoridad del padre?

En la sociedad patriarcal, el nacimiento del niño convertía inmediatamente a la pareja en una madre y un padre cuyas posiciones estaban diferenciadas, jerarquizadas y validadas por la sociedad. La autoridad ejercida por el padre era legítima y estaba legitimada. Desde hace algunas décadas, la autoridad de ambos padres ha reemplazado a la autoridad sólo del padre, y la familia igualitaria ha sucedido a la familia jerárquica. «La decisión no vino de arriba, sino de la confrontación de opiniones distintas», comenta Jean-Pierre Lebrun, psicoanalista y autor de *Un mundo sin límites* (Ediciones del Serbal, 2003), que insiste en la mutación que ha afectado al mundo posmoderno. El concepto de autoridad ha sido reemplazado por el concepto de responsabilidad. En esta sociedad, el discurso de la ciencia ha llenado el vacío dejado por la pérdida de influencia de los ideales religiosos. «Ahora, la autoridad mantiene su legitimidad en el saber de los expertos». Al padre, destronado de su posición anterior, le resulta muy difícil ocupar su papel de tercero, ser ese «otro» que frena la omnipotencia maternal e infantil. El orden social marcado por el avance de la ciencia ha hecho que toda una generación de padres hayan dejado de sentirse legitimados para decir «no» a sus hijos, para impedir en parte su felicidad. Esto debilita a los padres, que no se atreven a ejercer la frustración necesaria para la construcción del niño, y establece una frágil homogeneización en las familias. La falta de reconocimiento social a la posición que ocupa el padre puede provocar conflictos en el tema de la educación. Como dice Lebrun, un niño que no se ha «beneficiado del apoyo del adulto para aceptar la necesidad de "menos felicidad"» está a un paso de convertirse en un tirano que socavará a la pareja antes de socavar a la sociedad. Para evitar este escollo, sería bueno que la madre pudiera desear algo más que su hijo, y que un tercero —quizá el padre— pudiera volver a introducir esta distancia que, además de impedir la fusión mortífera, concedería al niño la oportunidad de crecer, y a la pareja, la posibilidad de sobrevivir.

8
Recomposición y adopción

Familias recompuestas

¿Qué ocurre cuando la familia se reorganiza, cuando se convierte en un mosaico? «Él» o «ella» tienen hijos de una relación anterior y un bebé llegará pronto al nuevo hogar. Sea cual sea el número de niños que le precedan, el recién nacido, con su llegada, causará una gran conmoción entre los «intermedios»... Estos ya han tenido que aceptar la segunda unión, quizá con pesar. Todo dependerá de su edad y del tiempo que hayan pasado solos con su progenitor. Es posible que surja un sentimiento de propiedad cuando una tercera persona irrumpa en el dúo, pues considerarán que un rival les está arrebatando a su madre/padre. La negativa a compartir, los celos y la desconfianza pueden manifestarse, instigados en mayor o menor medida por el ex, que sigue estando solo y no ve con buenos ojos que su antigua pareja tenga una nueva relación.

El niño, que siempre había deseado que sus padres volvieran a unirse, choca contra la realidad del nuevo matrimonio como una abeja contra un cristal. La ruptura, además de consumada, ahora es irreversible. La etapa siguiente —el nacimiento de un bebé— reactivará estos celos, a los que se unirá el temor a que el bebé nacido de esta unión haga sombra a los hijos del primer matrimonio (desvalorizado por su fracaso). De una forma muy confusa, surgirá un sentimiento de cólera contra aquel a quien consideran responsable de la separación, de miedo a verse privado de la atención de su progenitor atrapado en su nueva paternidad o maternidad y de rencor contra este bebé más «perfecto» que le ha destronado.

◻ El lugar del mayor

La reacción del hijo mayor, sobre todo si la fomenta su otro progenitor, puede minar las bases de la nueva pareja, unas bases que son estadísticamente frágiles (la tasa de disolución de los segundos matrimonios es más elevada que la de los primeros. De hecho, en Estados Unidos, el 50 % de los segundos matrimonios acaba en divorcio).

> Cloe tiene seis años cuando su padre vuelve a casarse. Él tiene la custodia de la pequeña, que va con frecuencia a casa de su madre. Dos años después, su padre y su madrastra le dicen que va a tener un hermanito. A Cloe le entusiasma la idea, pero su madre enfurece al saber que su ex marido va a tener otro hijo y decide hacer lo imposible por complicarle la vida. Toma a su hija como rehén, establece de forma arbitraria los días que pasa en su casa, cambia continuamente de opinión, se traslada a una nueva ciudad (imponiendo idas y venidas fatigantes de 300 km), adopta una postura intimidante y se niega a someterse a las órdenes del juez. Cloe, entre el chantaje y la manipulación, cada vez se siente peor y deja de acercarse al pequeño Lucas. Asediada por estas molestias perpetuas, la relación de la pareja se vuelve amarga y se encuentra al borde de la separación cuando el bebé apenas cuenta con seis meses...

Para que la llegada de un bebé no se convierta en una pesadilla, hay que ser prudente y recordar que no se puede borrar el pasado. El padre debe proporcionar a sus hijos un lugar inamovible. Debe proteger a su primer linaje y dedicarle una gran parte de su tiempo. La nueva pareja, por dichosa que se sienta, no debe prestar una atención excesiva al bebé ni hacer que toda la casa se mueva a su ritmo. Todos los miembros de la familia deben compartir momentos que no tengan nada que ver con los pañales ni con las tomas de leche y vivir en un entorno sonoro que no sea llenado únicamente por los lloros del bebé. También hay que descartar la grotesca idea de acaparar la habitación del mayor para la siesta del bebé u obligarle a compartir dormitorio con él. Aunque se trata de una precaución que puede resultar cara, pues el espacio se paga, la promiscuidad entre diferentes linajes podría derivar en una guerra que no favorecería a nadie. Los hijos del divorcio ya tienen dos casas, de modo que no les gustará tener que compartir su territorio desdoblado.

Es difícil establecer un equilibrio, pues la contaminación puede proceder de la actitud tiránica del hijo mayor si este decide ejercer una especie de «poder despótico» permanente. Es necesario que el padre le confirme que le quiere, que le amará siempre, que respetará su lugar y su ritmo, que será atento con él y que el bebé, lejos de ser su enemigo, probablemente se convertirá en su cómplice. Cabe decir que estas promesas serán mejor recibidas si las hace también la compañera, la «madrastra», que deberá evitar adoptar el papel de mala si desea que su vida de pareja se consolide.

☐ Experiencias a veces difíciles

> Noelia y Luís ya tienen hijos cuando deciden compartir su vida. Noelia es viuda y madre de dos niñas de quince y trece años; Luís pasa una semana de cada dos con su hijo de doce. Contra todo pronóstico, no surge ningún conflicto entre los niños, de

modo que la pareja decide sellar su unión pidiendo en adopción un bebé. Las chicas están entusiasmadas y el chico no se opone.

Un año más tarde, la familia parte rumbo al sudeste asiático y, tras las largas formalidades habituales, regresa a su hogar con Teo, un bebé de apenas unas semanas. La relación de pareja empieza a deteriorarse.

Luís considera que Noelia desea pasar cierto tiempo a solas con el pequeño para reforzar el vínculo, de modo que se dedica a las tareas de la casa y a supervisar los estudios de los niños. Sin embargo, Noelia desea que su marido esté con ella, pues no consigue vincularse a Teo. Cuando sus hijas eran pequeñas, recuerda que identificaba al instante sus necesidades, que entendía su lenguaje, que adivinaba el sentido de sus gritos y sus lloros. Tenía un instinto maternal. Pero no ocurre lo mismo con Teo.

¿Este cambio se debe a que Noelia ha envejecido? ¿A que Teo es un niño? ¿A que procede de un país extranjero? ¿A que otros se han ocupado antes de él? ¿A que considera que, con un hijo adoptado, la legitimidad debe ganarse? Sea como sea, Noelia sufre y las cosas no van bien. Considera que Luís debería ayudarla más. Sin embargo, no le formula sus deseos y se dedica, sin darse cuenta, a criticar sus iniciativas y a contrariarlo cada vez que intenta imponer su autoridad ante sus hijas. Y el malentendido no hace más que crecer, porque Luís, creyendo hacer lo correcto, cada vez la deja sola con más frecuencia con Teo, pues considera que su angustia disminuirá a medida que establezca una relación más sólida con él.

Paulina, médica residente de veinticinco años, conoce durante una guardia a Antonio, de cuarenta. Él acaba de divorciarse y le cuesta conciliar su trabajo de cirujano con la custodia compartida de Laura, que acaba de cumplir trece años. Paulina y Antonio cada vez pasan más tiempo juntos. Paulina no soporta a

Laura, pues la considera una adolescente consentida, lánguida, lenta y poco dinámica que se aferra a su padre de un modo infantil.

La relación que mantiene Antonio con su ex mujer tampoco la tranquiliza. La madre de Laura es una mujer angustiada que no le niega nada a su hija y que no permite que Antonio tenga iniciativas. Laura no va nunca sola en transporte público y pocas veces cruza una calle si no va acompañada. Antonio desea tener cuanto antes un hijo con Paulina, pues teme envejecer demasiado pronto. Como ella está a punto de terminar la residencia, considera que es el momento ideal.

El embarazo es un periodo cargado de ansiedad, pues a Paulina le inquieta el lugar que ocupará Laura en su vida (la verdad es que preferiría no volver a verla nunca más). También teme los posibles conflictos con Antonio, pues, aunque es adorable cuando están solos, resulta realmente insoportable cuando Laura está presente. Antonio es incapaz de crear una relación de tres y Paulina siempre considera estar de más. Durante las últimas semanas de embarazo, la joven pasa casi todos los fines de semana en casa de amigas.

Da a luz un domingo. La madre de Laura se niega a cambiar su fin de semana de «guardia» y Antonio se queda con su hija. Paulina está sola en el hospital y decide no regresar a casa. Tiene la impresión de haber sido manipulada, como cuando alguien anticipa una catástrofe y los demás le aseguran que esta nunca se producirá. Peor aún: ha retrasado la decisión del traslado porque siempre había pensado que, por arte de magia, Antonio (y también Laura) asumirían que la joven debería pasar más tiempo con su madre. Sin embargo, ahora se da cuenta de que el bebé y Laura tendrán que dormir en la misma habitación.

A Antonio le enfurecerá que Paulina le obligue, de un modo u otro, a elegir entre su hija y ella. También resulta inquietante advertir que Paulina no confía en él y que la relación que mantiene con su hijo es tan «fusional» como la de su ex con Laura.

☐ **Cuando el nacimiento de un nuevo hijo hace desaparecer a la primera «camada»**

Se trata de una historia clásica que sigue ocurriendo con frecuencia en la actualidad.

> Miguel tiene cuarenta y cinco años, lleva veinte casado y tiene tres hijos mayores. Desde hace cinco años mantiene una relación extraconyugal con Nadia. Sus elevados ingresos le permiten ayudarla financieramente, aunque ella trabaja y se considera independiente. Nadia espera que Miguel se separe de su mujer. Las excusas de las demoras son de sobras conocidas: quiere esperar a que sus hijos crezcan, a que su mujer se trate la depresión y admita la situación, a que su suegra se muera... Nadia se queda embaraza y da a luz sola. Cansado de luchar, Miguel decide irse a vivir con ella. Durante cierto tiempo, las relaciones con sus hijos son gélidas, pero, en cuanto comienza el deshielo, es Nadia quien levanta el hacha de guerra: «¿Cómo puedes recibir a esos ingratos que se han puesto del lado de su madre, que me desprecian y que se niegan a mantener cualquier tipo de relación con su hermanita?». Miguel intenta explicarle que la nueva situación es desestabilizadora para sus hijos y que estos no desean juzgar a su padre. También le pide que les dé tiempo y que sea amable con ellos.
> «¿Cuánto tiempo he esperado yo por ellos? ¿Y acaso se muestran amables conmigo? En Navidad no enviaron ningún regalo a su hermana ni nos felicitaron el Año Nuevo. Esos son los detalles que debes tener en cuenta. ¡No eres lo bastante firme con ellos!».

Cada uno le pide al otro que se ponga de su lado, pero también que sea comprensivo y paciente. Nadia, que por fin ha triunfado, considera legítimo no seguir sufriendo las humillaciones de antaño. De algún modo, exige ser compensada por los prejuicios morales sufridos: las esperas, los domingos en soledad, las separaciones de madrugada, las citas anuladas, las vacaciones sin Miguel… Él considera que no ha hecho más que demostrarle una y otra vez su buena voluntad y su amor. Y que Nadia se equivoca al intentar separarle de sus hijos.

La llegada del hijo adoptado

No existe un prototipo de familia adoptiva: hay parejas jóvenes infértiles o no, parejas que se casan en segundas nupcias, mujeres que inician una nueva vida tras la jubilación o padres que ya tienen hijos y desean una niña que equilibre el equipo de niños.[53]

La llegada del hijo adoptado se realiza en diversas etapas: la aceptación del acuerdo, las primeras fotos, el encuentro, su llegada a España si viene del extranjero y, tiempo después, la recepción del tribunal de adopción.

En la actualidad, la adopción suele adoptar la forma de un largo camino administrativo, emocional y afectivo. Como Dorothy en *El Mago de Oz*, es necesario seguir el tortuoso sendero de baldosas amarillas y realizar diversos encuentros más o menos iniciáticos.

Para muchos, enfrentados ya a la esterilidad y a la procreación médica asistida (PMA), este proceso se convertirá en una prueba dolorosa y a veces humillante que pondrá a prueba su confianza en sí mismos, el cuerpo médico y la Administración. La solidaridad de sus familias, amigos y allegados ya habrá sido demostrada, verificada o anulada, así que no siempre estarán indemnes cuando soliciten la adopción. Las esperanzas, decepciones y esperas, el alivio y la cólera marcarán su relación con los trabajadores

---

53. Bernard Geberowicz, «Autre sang, autres mœurs: réflexions sur le travail avec les croyances dans la prise en charge des familles concernées par l'adoption», en *Générations*, núm. 26.

sociales y se reunirán con otros padres que estén realizando el mismo proceso (para rellenar expedientes, intercambiar información, «elegir» un país y constatar que algunos llegan hasta el final), una experiencia que podrá ser reconfortante o desagradable.

En cada etapa, muchos tendrán la impresión de que intentan desanimarlos; que sólo los más valientes, los más favorecidos, los más decididos y los que estén más unidos lograrán su objetivo. Poco a poco adoptarán la creencia de que, además de la adversidad del destino, será necesario vencer a la injusticia de los hombres y las administraciones (nacionales y extranjeras).

Muchos consideran que sólo es posible compartir esta experiencia con otros padres que están en trámites de adopción, de modo que se ha creado una red de apoyo a la que pueden recurrir aquellas parejas que deseen adoptar. El mito del «camino del combatiente» favorece las «reuniones de antiguos combatientes», durante las cuales se evocan los momentos más intensos (felices y penosos) del trayecto.

La pareja se desestabilizará si sus miembros viven este camino de forma muy distinta y uno siente que el proceso de adopción se está llevando a cabo «a pesar del otro». Si la actitud de ambos respecto a la adopción es muy diferente, la pareja estará en peligro.

Una de las principales cuestiones que se plantean los padres de un hijo adoptado es la adquisición de la legitimidad. Con frecuencia les dicen que «el niño debe tener acceso a su historia anterior para que su futuro equilibrio psicológico no corra peligro». Sin embargo, ¿compartirán ellos esta creencia?

También pueden plantearse si es necesario (o no) pedir ayuda, pero los consejos pueden convertirse en órdenes; y las opiniones, en anticipaciones y predicciones.

¿Cómo se convierte una persona en miembro de una familia? ¿Qué es lo que sella el vínculo y autentifica la relación? Resulta conmovedor oír a los padres relatar el primer encuentro: «Allí, rodeado por otros niños, supe que era él porque me miraba con una gran intensidad...».

Más adelante, alguien les dirá que el niño tiene la sonrisa de su padre o el carácter de su tía (del mismo modo que, en ocasiones, el padre o la madre acaban pareciéndose a su hijo). Sin embargo «esta identificación representa la respuesta del niño a los deseos de los padres». La entrada del niño en la familia por una vía distinta a la biológica iniciará la construcción de su historia familiar y muchos padres dirán entonces que pueden empezar a olvidar, en parte, el largo proceso de adopción.

Sin embargo, en algunos casos, las angustias se acentuarán. Aquellos que están convencidos de que no sabrán ser padres, que la esterilidad es una clara señal de su incompetencia, pueden tener dificultares para asumir la parentalidad.

> Una madre espera en el aeropuerto la llegada de su hijo. En cuanto ve el tren de aterrizaje del avión, su corazón se cierra en un puño y sus angustias maternales se activan: «Si el avión se estrella, si Igor no está en el avión, si el amor a primera vista anunciado no se produce, si no me reconoce como madre, si se echa a llorar al verme, si sonríe a mi marido y no a mí...».

Cada una de estas angustias no hará más que confirmarle que no sabrá ser madre.

III
VIVIR CON ÉL

9
La reorganización del día a día

Después de unas semanas de vida cotidiana con el bebé, la tormenta amaina y se instala un nuevo ritmo. Las noches son menos agitadas y los padres se vuelven más complementarios y menos ansiosos. Además, se sorprenden menos ante cada nuevo gesto del bebé. Seguiremos el día a día de Teresa, Julián y Pablo para comentar las dificultades con las que tropiezan y su modo de hacerles frente o evitarlas. Durante el camino, veremos también las historias de otras parejas.

La pareja parental, la conyugal y los malabaristas

Durante «la locura de los cien días», los tres primeros meses, ambos miembros de la pareja han sido ante todo padres. Han dedicado una gran parte de su tiempo a aprender a serlo, a sentirlo, a adquirir dicho estatus. También han intentado ajustar, poco a poco, su papel (y sus prerrogativas) al de su pareja y a la idea preconcebida que tenían.

Desde todas partes les llega el siguiente mensaje: «¡Cuidado! ¡Además de la pareja parental que estáis aprendiendo a desarrollar, debéis preservar la otra pareja, la conyugal, la que existía antes de la llegada del bebé! Esta correrá peligro si no tenéis cuidado. Para tener éxito, deberéis "desembarazaros" (mentalmente) del bebé».

Se trata de un cruel dilema. La pareja está amenazada por este bebé al que aman y que les es presentado como un tirano, como un depredador peligroso, como una especie de divinidad que exige sacrificios continuos para sentirse satisfecho. Sin embargo, si dejan cierto tiempo para disfrutar de su relación de pareja, ¿no les considerarán egoístas e ingratos, como esos niños que abandonan el juguete que tanto deseaban un par de días después de Reyes? ¿Y si ellos fueran distintos a los demás? ¿Y si ellos, gracias al bebé que tanto aman, lograran encontrar un nuevo camino que les permitiera escapar de las predicciones de los pájaros de mal agüero? Cuando la agitación es menos intensa, muchos temen dejarse llevar por la «rutina».

Teresa le explica a Julián:

—La rutina sólo está en tu cabeza. El bebé necesita referencias estables en el tiempo y el espacio. Necesita comer, dormir y ver a sus padres, ser bañado y mimado. Necesita construirse en la seguridad.

—Lo sé —responde Julián—. Pero cada día es lo mismo: las compras, las coladas y las tareas. Necesitamos salir e improvisar un poco...

—Es demasiado pronto. Sería irresponsable dejar al bebé en manos de otro...

Cada uno intenta convencer al otro. Para Teresa, la realidad del bebé está demasiado presente y sus necesidades se imponen a todas las demás. Para Julián, el exceso de limitaciones puede acabar con el placer de estar con el pequeño. Teme convertirse en un robot y, sobre todo, que a Teresa le ocurra lo mismo. Entiende que para su mujer no es prioritaria su relación de pareja y le gustaría que buscaran un nuevo equilibrio. Sin embargo, tiene la impresión de que no podrá negociar con Teresa las etapas de un «retorno a la normalidad».

Durante el transcurso del embarazo hablaron de estas etapas, decidieron juntos la fecha de reincorporación al trabajo y quién se ocuparía del niño, en función de las leyes y las posibilidades materiales. Pero, en aquel entonces, Pablo no estaba allí. Ahora, todo es muy distinto. Julián intenta hacer comprender a Teresa que ahora existen dos parejas, la parental (formada por la mamá y el papá de Pablo) y la conyugal, a la que deben prestar una mayor atención, pues, de lo contrario, podría ser devorada por el muy exigente y agradable trío familiar.

Por lo tanto, deben hablar y tomar otras decisiones, más vagas en sus aplicaciones. Por ejemplo, salir de casa sin Pablo (dejándolo al cuidado de alguien cercano) y buscar los diferentes ingredientes que permitan el regreso de la sexualidad.

Una vez más, su complementariedad se pondrá a prueba. Si cada uno de ellos intenta imponer sus deseos sin escuchar los argumentos del otro, se avecinará el bloqueo. De todos modos, cabe añadir que los compromisos son posibles y que la creatividad es necesaria. Para poder salir, airearse y relajarse, deberán tener la certeza de que Pablo estará en buenas manos. Teresa le confiesa a Julián que teme que Pablo le recrimine su ausencia o, peor aún, que el pequeño se lo pase bien y no la eche de menos.

Los padres recurren a los libros, las revistas y el pediatra en busca de consejo. ¿A qué edad comprende un niño la ausencia? ¿Puede traumatizarse si despierta y su mamá no está con él? ¿Se sentirá abandonado y perderá toda su confianza en ella?

«Debéis cuidar la pareja conyugal», aconsejan con frecuencia a los padres jóvenes. El consejo es bueno, pues es lo que suele echarse en cara en el momento de las separaciones y los divorcios. Los padres deben comprender que el bebé no puede invadir por completo su vida; sin embargo, nadie les explica cómo establecer las prioridades. Cada uno, de forma individual y en pareja, deberá definir las suyas e intentar que sean compatibles con las del otro. Al principio, el bebé tendrá un papel prioritario y exclusivo. Por eso, si los padres intentan encontrar con demasiada rapidez una vida equilibrada «como la de antes», serán como esos malabaristas que hacen girar diversos platos sobre elevados palos. Esos platos serán el bebé, el trabajo, la casa, la familia, los amigos, la pareja y uno mismo. Una vez en movimiento, no podrá olvidarse de ellos ni dejarlos caer, de modo que el malabarista pasará de uno a otro en una agitación extenuante.

El paso de «dos» a «tres» no es tan sencillo

☐ La impresión de no estar nunca ahí cuando es necesario

En la fecha prevista, el permiso de maternidad llega a su fin y hay que regresar al trabajo. Es posible que se hayan pactado ciertos cambios, como una media jornada o un reajuste en el horario. Las madres, que suelen ser quienes solicitan el permiso de maternidad, sienten una combinación de alegría y culpabilidad cuando llega el momento de regresar a la «vida civil». Consideran que se encuentran en el lugar correcto y en el momento adecuado, pero tienen la impresión de que en la oficina les harán comprender que las «vacaciones» han terminado y que deberán esforzarse el doble para recuperar el tiempo perdido dando biberones. Esta impresión, aunque subjetiva, suele corresponderse con aquello que se les exige, aunque el discurso mantenido no sea, de forma oficial, el de hacer que se sientan culpables (pues eso sería reprobable y discriminatorio).

¿Cómo entender las políticas y los discursos actuales? Por una parte, la beatificación ecológica de lo natural y los beneficios de la lactancia materna prolongada les proporcionan una justificación psicológica y sanitaria para quedarse en casa. Son conscientes de que en la sociedad aumentan las cuestiones referentes a la ausencia de la madre y que existe cierta resignación en cuanto a la incapacidad de los padres para compartir los papeles. Además, consideran que las dificultades económicas deberían zanjarse con asignaciones parentales.

Otras personas, como Élisabeth Badinter, mantienen una opinión muy distinta: «Seamos lógicos: si nos parece bien que la mujer que no desee seguir trabajando se quede en casa criando a sus hijos, si consideramos que es una buena solución, debemos dejar de ser esquizofrénicos. Todos los años, cuando se publican las estadísticas de la desigualdad salarial, debemos dejar de gritar que es injusto e inadmisible. No podemos lamentarnos por las cifras a la vez que incitamos a la mujer a pedir jornadas reducidas o a salir del mercado laboral. Cada vez entiendo mejor a las jóvenes que, a pesar de sus diplomas y el inicio de su carrera profesional, deciden dejar de trabajar para criar a sus hijos. Sin embargo, lo que me inquieta es no comprender este contradiscurso. Nadie previene a estas mujeres. Nadie les dice: "De acuerdo, deja de trabajar tres o cuatro años…, pero, después, ¿en qué te convertirás?". Es como si hoy en día, las personas sólo trabajaran para sobrevivir. Y, aunque esto puede ser cierto en algunos casos, no oigo que nadie diga a estas mujeres: "Hija mía, es necesario que trabajes, porque si no lo haces, serás dependiente y perderás tu libertad".[54]

---

54. Élisabeth Badinter, «Qui veut faire rentrer les femmes à la maison?», conversaciones recogidas por J. Rémy, *L'Express,* 15 enero 2004.

»Recibir [una ayuda mínima por parte de la Administración] por dejar de trabajar equivale a ser dependiente. Esa mujer no podrá defenderse en caso de que surjan dificultades conyugales o de cualquier otro tipo, y nunca es sencillo encontrar un nuevo empleo después de una larga pausa. (...)

»Que el trabajo aporte satisfacciones y gratificaciones narcisistas a la mamá no siempre facilita las cosas, pues su sentido de la culpabilidad se intensifica: "¿Realmente quiero a mi bebé si me siento aliviada y contenta de reanudar mi trabajo, de airear mi espíritu, de pensar y tener contacto con personas del exterior?".

»La madre se siente atrapada entre su deber (supuesto) y sus aspiraciones. "Cuando estoy en el trabajo, me paso el día pensando que mi hijo está con otra persona. Además, casi todos mis ingresos se destinan a pagar sus cuidados. Cuando estoy con el bebé, sé que no he terminado todavía mi trabajo. Debería tener más arreglada la casa y atender mejor a mi compañero, que soporta todos mis cambios de humor"».

Muchas mujeres tienen la impresión de estar representando un número de malabarismos que consiste en mantener cada vez más platos en equilibrio y hacerlos girar. Todos los platos representan un asunto prioritario. Los malabaristas saben detenerse cuando el equilibrio se ve amenazado, ¿pero ellas sabrán hacerlo?

En España se aprobó la Ley de Conciliación de la Vida Familiar y Laboral de las personas trabajadoras (ley 39/1999 del 5 de noviembre, publicada en BOE n.º 266 del 6 de noviembre de 1999). Esta ley plantea la necesidad de compartir entre mujeres y hombres, de una manera justa, el entramado de la vida pública y privada.

Mediante esta ley, se intenta «favorecer los permisos por maternidad y paternidad sin que ello afecte negativamente a las posibilidades de acceso al empleo, a las condiciones de trabajo y al acceso a puestos de especial responsabilidad de las mujeres» y que los hombres puedan ser copartícipes del cuidado de sus hijos desde el momento del nacimiento. Sin embargo, según algunos colectivos de defensa de los derechos de la mujer, esta ley lesiona el derecho de las mujeres al disfrute del permiso de maternidad completo, ya que de ellas depende que sus compañeros puedan disfrutar hasta 10 semanas, de las 16 legalmente establecidas, en el caso de un parto normal. Esto sólo beneficia a unos pocos casos. Lo que muchos colectivos sociales defienden es que habría que regular un permiso de paternidad diferenciado de la maternidad para favorecer que los hombres asuman esta realidad. Mientras no haya un tratamiento diferenciado para favorecer la paternidad y la maternidad, serán las mujeres fundamentalmente quienes realicen las tareas de cuidar a los hijos. Muchos colectivos sociales insisten en la necesidad de que se cree una buena red de servicios sociales para que se pueda compatibilizar el trabajo y la familia. Es decir, es necesario que se creen guarderías, comedores, centros de día, ayuda a domicilio, centros deportivos, espacios de ocio... que garanticen que ningún hogar se vea afectado por este motivo, sobre todo en aquellas zonas de menor poder adquisitivo.

☐ La angustia de quedarse a solas con el niño

A medida que pasa el tiempo, algunos padres desarrollan una sensación imprevista e insospechada: la angustia de encontrarse, durante unas horas o incluso unos minutos, a solas con el bebé. Se trata de una verdadera angustia, de un miedo irracional que hace que se les contraiga el estómago. Esta angustia aumenta lentamente, semana a semana, y sus signos son los habituales: sensación de miedo, malestar ante la situación y deseos de evitarla; además, en ocasiones, pueden ir acompañados de síntomas físicos.

Esta angustia resulta difícil de confesar, sobre todo por el temor a que sea identificada. ¿Cómo va a poder entender alguien que una madre (o un padre) no desea estar a solas con su hijo? La vergüenza se instala de forma insidiosa. ¿Cómo hablar, cómo pedir ayuda?

Las causas psicológicas suelen ser «evidentes» y despejarlas puede resultar útil y permitir que el cónyuge las entienda mejor. Con frecuencia, este padre angustiado sintió una gran soledad en su infancia, una ruptura demasiado precoz, una carencia afectiva o un miedo al abandono. La necesidad de reparar esta herida de la infancia está muy presente y, a menudo, suele ser el motor de su deseo de tener un hijo. Sin embargo, para repararla, debe compararse con sus propios padres y pensar que puede hacerlo mejor que ellos. Entonces se impone la cuestión de la lealtad. La angustia suele indicar la existencia de un conflicto interno no resuelto. Cuando una mujer no ha tenido una referencia maternal lo bastante buena, crea en su cabeza una madre ideal, la que le habría gustado tener. Sin embargo, resulta difícil autorizarse a ser mejor madre que la que se ha tenido.

Jessica, amiga de Teresa, se encuentra en esta situación. Es capaz de confesar su angustia a Teresa, pero no a su marido:

> Jessica es la mayor de cuatro hermanos, pero su posición relativa es diferente. Nació cuando su madre tenía dieciocho años; una aventura breve, un genitor que desapareció sin saber siquiera que iba a ser padre. Seis meses después de tenerla, su madre se casó con un hombre afectuoso que le dio sus apellidos. La pa-

reja decidió no convertir este asunto en un secreto de familia, de modo que Jessica siempre estuvo al corriente de su historia. Durante su infancia, cada vez que sentía una injusticia, consideraba que se debía a esta diferencia. Con el tiempo, llegó a la conclusión de que sus padres no la querían como al resto de sus hermanos e incluso que su madre se había casado con tanta rapidez para no tener que estar a solas con ella.

Al nacer su hija, Jessica se da cuenta de que es incapaz de estar a solas con el bebé. Siempre se las arregla para que una amiga pase a verla y, con frecuencia, va al centro a comprar cosas para la pequeña. Es consciente de que no soporta la idea de serlo todo para su hija y viceversa. ¿Y si una de las dos desapareciera? Desea empezar a trabajar lo antes posible. Su marido, que percibe una dificultad pero no la identifica correctamente, crea situaciones que propician que ambas puedan pasar más tiempo solas. Considera que su mujer necesita tiempo para establecer un vínculo con su hija, pero sus iniciativas no hacen más que intensificar el problema. También la anima a solicitar la baja maternal. Él trabajará más para que la economía familiar permita que Jessica se quede en casa unos meses más. Jessica pone toda su buena voluntad, pues cree que si le confiesa a su marido la angustia que siente, él considerará que es una mala madre y que dejará de amarla. Está convencida de que su pareja no podrá entender su incapacidad para quedarse a solas con su hija.

En esta situación, como en muchas otras, cada uno cree «tener razón»: Jessica considera que es mejor no decirle nada a su marido para no decepcionarlo. Cree que logrará superar su problema y finge sentirse a gusto. Por su parte, él está convencido de que Jessica se siente insatisfecha porque no puede disfrutar plenamente de su bebé. Por lo tanto, le propone un modo de vida que le permitirá hacerlo. Cuanto más favorece la proximidad madre-hija, más angustiada se siente su mujer, y cuanto más incómoda se siente ella, más considera él que necesita estar tranquila y a solas con la pequeña. A fuerza de no expresar sus sentimientos, cada uno hace que se bloquee un poco más una situación que incomoda a ambos.

Estas situaciones en las que cada uno de los cónyuges tiene una única lectura de la dificultad son bastante frecuentes. Una única explicación a un problema lleva a una única solución, pero, si dicha lectura es distinta para cada uno, la solución propuesta no hará más que intensificar el problema.

Cabe añadir que, en su precipitación por buscar una solución, el marido de Jessica está impidiéndo a su mujer expresar sus dificultades.

Resulta sencillo imaginar que si Jessica hablara con su marido, este la ayudaría a solucionar el problema, o que, en todo caso, eso evitaría que se añadiera una dimensión conyugal al conflicto. Si ambos fueran conscientes de la ineficacia de sus soluciones, intentarían comparar su visión de la situación. Probablemente constatarían que, cuanto más desea uno hacer las cosas bien, más se complica la situación, pues el otro intenta desbloquear el malestar proponiendo lo contrario y cierra un poco más las posibilidades de escapar de la dificultad.

La posición de uno polariza la del otro y, como resultado, la posición del otro polariza la del primero. Estos mecanismos relacionales, que parten del malentendido, son muy frecuentes y contribuyen a crear tensión en las relaciones y a incrementar el sentimiento de incomprensión, soledad y aislamiento:

—Sólo pienso en tu bien cuando te dejo tiempo para que te acostumbres a ser mamá, para que te sientas a gusto con tu hija, pero no me lo agradeces en absoluto. No aprecias lo que hago por ti.

—¿Cómo puedes hacerme esto? Pensaba que me entendías y, en cambio, me dejas de lado para consagrarte a tu trabajo, a pesar de lo mucho que te necesito.

☐ De una relación fusional a otra

Ambos tienen treinta años. Hace cinco que se conocen y están locos el uno por el otro. Durante el embarazo, han hablado largo y tendido sobre lo que harán cuando llegue el bebé. Él es profesor y ha decidido retrasar un año las oposiciones y el concurso al que decidió presentarse hace largo tiempo. Ella es artista-artesana y retomará su carrera cuando el bebé tenga unos meses. Sin embargo, chocan en algunos puntos: ella desea que el niño lleve el apellido materno en primer lugar, pero él no está de acuerdo, y él desea un «verdadero» bautismo al que ella se niega en redondo. Hasta entonces habían mantenido una relación exclusiva: parecían bastarse el uno con el otro, se habían alejado un poco de los amigos y también se habían distanciado de sus respectivas familias. Tras el nacimiento de su hijo, la solidaridad se resquebraja y lo que hasta entonces había sido una felicidad complementaria, se transforma en una falta de confianza. Todo se convierte en una excusa para discutir.

—Habíamos dicho que no le daríamos biberones y, cuando llego a casa, ¿qué me encuentro?

—Estaba llorando demasiado. Estoy muy cansada.

—Llora porque lo pones nervioso. No consigues confortarlo. Estás demasiado nerviosa.

—Si me dejaras un poco de espacio me sentiría mejor. Sin embargo, siempre que llegas a casa, me lo arrancas de las manos. Te abalanzas sobre él y me excluyes.

—¡Lo hago porque lo echo de menos! Es normal que tenga ganas de verlo cuando vuelvo a casa. Me paso el día entero pensando en él. ¿Crees que me divierte pasar el día trabajando?

Los reproches y las recriminaciones se suceden sin que las posiciones se suavicen.

Ella no imaginaba que, al ser padre, su compañero se volvería severo, exigente, ansioso, responsable y autoritario. Y mucho menos, que lo haría de un modo tan exclusivo e impidiendo que se estableciera una relación de tres.

Su cónyuge sólo permite una relación de dos que excluye al tercero. Además, ninguno de los dos tiene ningún deseo de reencontrarse, pues han perdido su burbuja fusional.

Esta relación fusional que en ocasiones precede a la concepción del niño puede ser una reproducción de aquello que los cónyuges han conocido en su infancia, una reparación de aquello que no han conocido o una construcción sobre nuevos modelos. Sin embargo, su riqueza es también una fragilidad. «Si tú lo eres todo para mí, ¿qué soy yo? ¿Qué seré yo sin ti?». Y sobre todo: «Si sólo soy capaz de vivir para ti, tampoco podré vivir más que para ese niño que llegará (porque sé que lo seré todo para él)». Lo que ocurre entonces es que la mujer se siente celosa de la relación que establece el padre con su hijo. Con frecuencia, este padre se muestra vigilante (o ansioso), demasiado atento y seguro de sí mismo (o dominante), pues teme que la madre tenga poca confianza en sí misma o que sea fácilmente impresionable e influenciable. Entonces existe el riesgo de que la pareja se haga pedazos. Una joven, en trámites de separación, explica lo siguiente:

> Mi madre me previno: «Presta atención a tu pareja después del nacimiento del niño. Debes volver a ser una mujer lo antes posible, no sólo una mamá». Y eso fue lo que hice, con voluntad y disciplina. Pero ella no me explicó que ciertos hombres no siguen siendo maridos ni amantes. El mío se convirtió en papá y eso es lo único que sigue siendo. Un papá que trabaja y que me ha borrado de su campo visual.

☐ Anclas, frenos, desigualdades

La cuestión se plantea de nuevo: ¿este niño va a anclarnos en nuestra vida y obligarnos a aceptar la realidad? ¿Va a frenar nuestra evolución?

Ella regresa al trabajo y el niño queda confiado al cuidado de una niñera (las parejas ex fusionales suelen preferir la asistencia maternal a la guardería). Él se esfuerza en ser amable con la niñera para que se ocupe bien de su hijo, pero su mujer piensa que está siendo demasiado simpático con la recién llegada y que a ella nunca le dedica una palabra amable.

Él considera que ella dedica demasiado tiempo a su trabajo y que no atiende bien al niño. Ella le explica que se necesita energía para desarrollar de nuevo su actividad y que, de todos modos, se siente incómoda en casa, pues sólo es útil como mujer de la limpieza.

—¡No voy a ponerme a limpiar nada más llegar si soy yo el que trae el dinero a casa! —grita él en cuanto llega.

—Si consideras que el peso de las responsabilidades materiales recae en ti, no me eches en cara que trabaje. Además, es mentira. ¡Soy yo quien lo hago todo!

—Yo me encargo de la compra y de protegeros. No voy a encargarme también de la plancha. Además, te dije que podíamos buscar una mujer de la limpieza que viniera unas horas a la semana.

—¿Para qué? ¿Para que pudieras echarme en cara que tenías que trabajar más para poder pagarla y que ni siquiera soy capaz de ocuparme de la casa? ¿Para humillarme delante de tu madre…?

Muchos padres jóvenes de hoy en día consideran que se ocupan de sus hijos tanto como las madres. Probablemente, lo que estos hombres piensan es esto: «Cuando estoy en casa, paso tanto tiempo con el bebé como su mamá». La mayoría de las mujeres consideran que se ocupan mucho más del bebé (y sobre todo de la casa) que el padre. Sin embargo, esto no significa que piensen que él no se involucra de forma conveniente.

«Él no reconoce nada de lo que hago» es una de las frases que se oye con más frecuencia en las terapias de pareja. Lo que puede traducirse por: «Además de haber dejado de mirarme y desearme, no me presta atención ni me agradece nunca nada. En cambio, en el mismo instante en que decide echar una mano, yo tengo que felicitarlo. El hombre es frágil, pues siempre necesita que lo reconforten».

Todas las parejas atraviesan momentos similares. Cada uno de los cónyuges se pregunta: «¿Y yo qué gano con todo esto?». La respuesta es obvia, pues suelen plantearse esta pregunta en un momento incorrecto, cuando ambos se sienten amargados y frustrados. El resultado es aritmético: «Si no gano nada, es porque alguien me está estafando, y ese alguien no es el bebé». Entonces, el foso puede hacerse más profundo y surgir el recelo. Si esta pregunta se planteara en momentos de placer y dicha, su respuesta sería muy distinta.

◻ La impresión de haber sido estafado

En la película de Benoît Cohen *Nuestros adorables niños* (2003), el personaje de Martín realiza dos lecturas distintas de una situación:

> Martín, violonchelista y treintañero, tiene dos hijas. La mayor nació apenas un año después de conocer a su mujer y la pequeña tiene unos meses. Martín es un verdadero padrazo. Se ocupa bien de sus hijas, es meticuloso y organizado, y se encarga de la organización y el mantenimiento de la casa. Además, le encanta que su mujer lo felicite por su creatividad culinaria. Al parecer, son muy complementarios. A Martín parece satisfacerle lo que hace y a su mujer no le apasiona la vida doméstica. De hecho, se podría pensar que no soporta la idea de estar a solas con sus hijas. Martín deja un poco abandonado el violonchelo y a

sus amigos, pero la inmersión en la vida familiar parece llenarle por completo.

Un día, Martín se encuentra con su ex, que también ha sido madre recientemente. De forma brutal, bajo la mirada tierna e irónica de aquella mujer que no lo reconoce, se da cuenta de lo mucho que ha cambiado. Esto lo obliga a examinar su vida y sus opciones. Siente que ha sido explotado, sometido a una mujer autoritaria. A partir de ahora, sus cumplidos no le resultarán cariñosos ni estimulantes, sino hipócritas e interesados. Martín advierte que, sexualmente, se siente frustrado, pues desde el nacimiento de su segunda hija, su mujer ha recurrido a diferentes pretextos para evitar toda relación. En resumen, al verse con la mirada de otra mujer, Martín se siente desposeído de su virilidad y tiene la impresión de que, a fuerza de concesiones, se ha dejado estafar. Este marido atento y padre modelo se convierte, de la noche a la mañana, en un hombre de la limpieza castrado y plácidamente satisfecho de su suerte. Sin embargo, el gusano ya está en la manzana: a Martín, esta «toma de conciencia» le resulta insoportable. Entonces se revela y, como es evidente, su mujer no comprende su cambio de actitud.

Las dos lecturas son posibles, pero es difícil que puedan cohabitar. En la primera, Martín considera que el amor de sus hijas y la satisfacción de su esposa equilibran en gran medida su alejamiento (¿provisional?) de la vida profesional, social y sexual. En la segunda, se cuestiona sus opciones y la duplicidad de su mujer, pues empieza a pensar que ella recoge todos los beneficios y que él sólo va acumulando inconvenientes. A partir de ahora, será difícil que hable sin acritud y que a ella no le sorprenda el cambio operado en él: «Pensaba que estabas contento y que esta era la vida que querías».

Deberían haber hablado mucho antes. Martín debería haberse atrevido a evocar su insatisfacción; entonces, su mujer habría podido decirle si le gustaba que hubiera una «madre mejor que ella» en casa o si este reparto de las tareas le hacía, a sus ojos, menos viril.

En resumen, cada uno podría haber hablado con el otro a tiempo, antes de que ciertos sufrimientos se hubieran ido acumulando debido a la dificultad de expresarlos en este «mundo maravilloso».

Solidaridad parental

☐ ¿Disputa o crisis conyugal?

> Julián conoce bien a Teresa: la escucha, la reconforta e intenta añadir un poco de humor a las discusiones. Desea que comprenda que, si permite que la angustia dirija su vida, los tres podrían sumirse en un desagradable callejón sin salida. Sin embargo, sabe que Teresa debe ir avanzando de forma progresiva. Ha aceptado despedir a la primera niñera, que parecía demasiado descarada, y permite que sea Teresa quien elija a la siguiente. Sin embargo, le recuerda que si encuentra fallos en todas las candidatas, posiblemente estará intentando confirmar que ella es la única persona apta para cuidar de su hijo. Julián se da cuenta, una vez más, que no se atreve a enfrentarse a Teresa directamente. No le gustan los conflictos y teme sus consecuencias. Teresa también los evita, aunque reconoce que, a veces, una buena discusión permite poner los puntos sobre las íes.

Muchas parejas temen las crisis conyugales, de modo que se acostumbran a transigir. Si considera que el tono está subiendo demasiado, uno de los dos opta por renunciar a algo y, más adelante, intenta un acercamiento tierno con la esperanza de que sus esfuerzos y el paso del tiempo permitan evitar la catástrofe que será la culminación de los enfrentamientos repetidos. Los cónyuges sienten que el vínculo que les une es tan fuerte que crean y cultivan el mito de la ruptura. Con el tiempo, algunos empiezan a alejarse, haciendo que crezca el rencor por haber dejado a un lado sus deseos y sus aspiraciones.

Entonces se crea el mito de la catástrofe inminente.

La cólera es el enemigo omnipresente, la parte de ellos mismos que desearían que desapareciera, la amenaza interna. Sin embargo, también es un signo de vitalidad, pues permite abandonar el resentimiento y es una prueba de energía. «Es mejor sacar la rabia que dejarla dentro», suelen decir los terapeutas de pareja.

La cólera y la ira, aunque sean malas consejeras, pueden ayudar a expresar los rencores y, después de apaciguarlos, dar paso a una nueva discusión.

El día que se deciden a poner las cartas sobre la mesa, aparecen los pequeños o grandes rencores que se han ido acumulando: las necesidades de afecto insatisfechas, los deseos de libertad contrariados, la sexualidad frustrada, los sentimientos dolorosos de soledad, la amargura por las promesas que no se han mantenido, las heridas en el amor propio, la falta de respeto, las humillaciones… Cada uno tendrá su propia lista.

Algunas parejas recurren a la ayuda de terapeutas o consejeros, otras consideran que revelar su lista de pesares es demasiado peligroso y otras se sienten capaces de afrontar aquellos temas que parecen tener una importancia menor, pues consideran que el hecho de limitar la disputa reducirá el riesgo de que el conflicto vaya en aumento. Estas últimas deciden, de forma tácita, obviar ciertos temas para poder controlar los nervios y las palabras. Saben que hay momentos en los que es preferible no decir lo que se tiene en la punta de la lengua. Sin embargo, en cuanto empieza una discusión (a propósito de una decepción, una desigualdad no reconocida por el otro, una promesa no mantenida, etc.), a veces resulta tentador abrir otros cajones. Entonces, las barreras del conflicto se desmoronan, cada pieza del dominó derriba a la siguiente y las cuentas pendientes salen de las arcas. De hecho, es posible que estuvieran esperando a este momento para reactivarse.

Entonces se remiten a historias pasadas o recientes, a las familias políticas o a las diferencias que existen entre ambos. En ocasiones utilizan epítetos o calificativos para hacer referencia al otro: «Siempre parece que estés…», «Es evidente que no cambiarás nunca».

Para algunos, estos enfrentamientos serán saludables, pues les permitirán reforzar el vínculo que les une.

Para otros serán dolorosos y decepcionantes. Además, es posible que dejen abierta una herida si terminan antes de que se hayan zanjado. Aunque no es necesario comentar en frío cada discusión ni realizar una «sesión informativa», es positivo que uno de los cónyuges acepte presentar sus disculpas al otro o intente reducir la presión. Si cada uno intenta demostrar que es el otro quien se equivoca y «ha empezado» la discusión, quedarán secuelas; en cambio, si ambos aceptan una parte de responsabilidad (no es necesario que sea siempre del 50/50), la discusión podrá retomarse con otro tono.

La tolerancia al conflicto de cada uno está relacionada con los modelos familiares vividos. Aquellos que han visto a sus padres discutir sin separarse suelen considerar que la mayoría de las discusiones son dinámicas y que ayudan, mediante su resolución, a la cohesión familiar. En cambio, quienes han vivido la separación de sus padres recelan de las consecuencias. Las parejas formadas por dos individuos que tengan una «cultura de la disputa» muy distinta deberán ser conscientes de la sensibilidad del otro.

Resulta difícil imponer al otro una «tolerancia cero a los conflictos», sobre todo porque si esta se traduce en una imposibilidad de contrariar al niño o, al contrario, verle desobedecer, la cohesión de los padres peligrará en el futuro. La cuestión de la autoridad será más complicada de abordar si, para uno de ellos, la prioridad es evitar todo conflicto. Además, sus discusiones sobre el papel del padre y la madre se verán desvirtuadas si uno de ellos pide al otro que adopte una posición que sabe que es contraria a él. El hecho de tener en cuenta esta dimensión («Soy incapaz de entrar en conflicto») les permitirá evolucionar y cambiar poco a poco sus creencias. Predicar la posición a la que el otro se opone («Tienes que ser autoritario y decirle que no, porque de lo contrario lo convertirás en un niño consentido y caprichoso») no hará más que intensificar el conflicto.

☐ Podérselo decir...

—Esta noche he dormido como un bebé —explica Julián a sus compañeros de trabajo.
—Es decir, que has podido descansar...
—No: duermo una hora, me despierto, lloro, duermo una hora más antes de despertarme de nuevo y así toda la noche... ¡Así es como duerme un bebé! Al menos, el mío. ¡No puedo más!
—Con nuestra hija era lo mismo —explica Cecilia—. Tardó dos años en dormir de un tirón y, en cuanto comenzó el colegio, empezó a tener pesadillas... Lo que te queda todavía... ¿Qué tal lo lleva tu mujer?
—Desde que empezamos con los biberones y se reincorporó al trabajo intentamos turnarnos, pero tengo la impresión de que ella tiene el sueño más profundo. Como me despierto enseguida, suelo levantarme yo. Sería una tontería que la despertara, sobre todo porque a los dos nos cuesta mucho volver a conciliar el sueño. La otra noche me dijo medio dormida: «Quizá haya que cambiarle el pañal». Me molestó muchísimo. ¡Encima que casi siempre me levanto yo, se atreve a darme consejos! Entonces le

dije: «Estoy de acuerdo, pero ya no tengo la factura; seguro que no me dejan devolverlo» (había oído esta réplica en una película: *Besen a quien quieran*). Ella estuvo de morros todo el día, me dijo que rechazaba al niño, que no era culpa suya que durmiera mal... Intenté explicarle que sólo intentaba hacer un chiste y que, de todas formas, estaba en mi derecho de estar harto de dormir mal...

En ciertos momentos, expresar nuestros fantasmas y ambivalencias puede ser saludable. Los fantasmas reflejan una parte de nuestros deseos inconscientes y, por lo tanto, su expresión puede resultar chocante. Por ejemplo, una madre que acaba de levantarse por quinta vez y no consigue que el bebé se duerma puede experimentar un sentimiento de agresividad y decir: «Voy a tirarlo por la ventana». Estas palabras deben ser entendidas como un medio que le permite descargar su agresividad. Si estas fórmulas se prohíben —«No hables así de mi hijo» o «Eres una madre indigna»—, la ambivalencia será más difícil de administrar. La censura, ya vaya dirigida al cónyuge o a aquello que representa el bebé, puede incrementar la agresividad.

Algunos padres intentan asumir que el hecho de levantarse por las noches les permite mantener un encuentro privilegiado con el bebé, que están respondiendo a sus necesidades y que el silencio y la penumbra contribuyen a crear un momento intenso. De este modo, les resulta más sencillo convertir una limitación en una oportunidad de evolucionar en la relación. Algunos hombres ven aquí la posibilidad de establecer un vínculo más estrecho con su hijo, crear un espacio propio o «reparar» su ausencia durante la jornada.

Pero si no es así (¡y es necesario que alguno de los dos se levante!), la limitación puede alimentar al fantasma. Ser ambivalente significa experimentar, de forma simultánea, dos sentimientos diferentes y contradictorios, de dos naturalezas distintas. «Amo a mi hijo, pero me fastidia que me obligue a levantarme porque estoy extenuada». El hecho de que sólo se formule en voz alta la segunda parte de esta frase no significa que sea más «cierta» que la primera.

□ Saber pedir ayuda

La cohesión, la solidaridad y la complementariedad del equipo padre y madre dependen del reparto de los roles y las tareas, pero su eficacia mejorará si ambos son capaces de expresar sus necesidades. Sin embargo, por razones que suelen ir ligadas a la educación recibida, no todo el mundo es capaz de pedir ayuda.
«Pedir ayuda es una señal de debilidad. Significa que me siento limitado, incompetente, impedido. Además, considero que el otro debe mostrarse vigilante y que el amor consiste en anticiparse a las dificultades del otro para paliar sus fallos. Para ello no se necesitan las palabras».
«Yo creo que saber pedir ayuda constituye una forma de abrirse. Significa demostrarle al otro que confío en él, que sé que no va a abusar de la situación ni obligarme a pagarle un precio desorbitado por el apoyo que me ofrezca. Además, así también puede expresar su opinión y, si lo desea, negarse a ayudarme, ya sea porque no sabe cómo hacerlo, porque no es el momento oportuno o porque tiene otra solución para mi problema».
Estas palabras reflejan dos actitudes muy distintas. La primera considera que pedir ayuda es una señal de debilidad (suele indicar una relación de pareja bastante fusional, pues «comprende sin necesidad de palabras»), pero también cree necesario protegerse de aquello que el otro pueda saber de uno mismo. ¿Qué riesgo puede entrañar el hecho de mostrar nuestras limitaciones? ¿Qué mal uso

puede hacer de ellas una persona que se supone que nos ama? La otra actitud valora la palabra, la expresión, el hecho de reconocer que el otro es un interlocutor diferente a uno mismo.

☐ No invadir el terreno de la parentalidad

En estos momentos de reorganización relacional, los padres deben aprender a jugar en equipo y adquirir los «fundamentos», como dicen los deportistas, de la «adaptación» y el «entrenamiento».

En el seno de la pareja, la dificultad consiste en conocerse bien. La paradoja está en que, si uno de los cónyuges no sabe pedir ayuda, debería revelar a su pareja este rasgo de su carácter.

Aunque las competencias relacionales no son innatas, sí que poseemos una capacidad innata para desarrollarlas. Se adquieren en el marco de las interacciones o, lo que es lo mismo, en las situaciones relacionales. La empatía, la capacidad de ponerse en el lugar del otro, es uno de los elementos que desarrollará la complementariedad en el seno de la pareja.

Para que haya una relación es necesario que exista una distancia relacional, un espacio entre uno y otro, un aire de diferenciación. Saber manejar esta distancia interpersonal constituye la base del aprendizaje de la competencia relacional.

El contexto familiar, la escuela y el trabajo nos enseñan a establecer una distancia relacional, cuyo manejo será lo que nos ayudará a administrar nuestros vínculos con las personas de nuestro entorno y aquellas con las que elegimos vivir.

Sin duda, la capacidad de empatía será un importante activo en la relación de pareja. Si cada uno de los cónyuges la posee y la desarrolla para entender el punto de vista del otro, para intentar comprender sus intenciones y sentir sus emociones, la proximidad será mayor. Esta proximidad se organizará respetando el lugar de cada uno, puesto que no se trata de invertir los papeles, sino de entender las diferentes posturas.

La siguiente escena se desarrolla en una cafetería:

Un hombre mira a su hijo con ternura. Es un adorable bebé de sólo unos meses. Mientras le cambia, le habla sin cesar y le explica lo que está haciendo, es decir, que le está cambiando el pañal.
—¡Y lo he colocado bien a la primera! ¡Bravo, papá!
—¡Y ahora vamos a ver al pequeño león!
(El pequeño león que aparece está dibujado en el pañal).
El bebé sonríe, encantado de la alegría que ilumina los ojos de su padre. (Pues se puede suponer que, a su edad, el pequeño león del pañal no le causa una alegría intensa...).
Llega la madre, radiante, y ofrece un biberón a su pequeño ángel, que sigue sonriendo y se vuelve hacia su comida.
—¡No! —prohíbe el papá (¡menuda autoridad!)—. Comerá más tarde. Antes tiene que hacerle unos mimos a su papá.

El espectador puede pensar: «¡Menudo precio (la disputa que se avecina entre la madre desautorizada y el padre) que hay que pagar por los pañales!». Todos los ingredientes para el conflicto están presentes: la carrera del «Te voy a demostrar que soy tan buen padre como tú», es decir, un padre mejor. Es posible que el tono suba: «Conozco mejor las necesidades de mi hijo que tú; de hecho, está mejor conmigo que contigo. Conmigo está más seguro; conmigo sonríe y está más contento; además, le transmito cosas esenciales». La condena abierta del «¿A quién prefieres, a papá o a mamá?» se aproxima.

Para muchas personas sumamente egocéntricas, el bebé es un apéndice de su cuerpo. Por lo tanto, desean que los demás reconozcan lo buenos padres que son. «Si soy un buen padre, habré realizado con éxito mi misión».

La desviación es: «Si doy la imagen de buen padre, será suficiente» o, lo que es lo mismo: «Si desempeño bien mi papel, el que me ha sido asignado...». El bebé se convierte así en el instrumento de su logro narcisista. Su persona pasa a ocupar un segundo plano.

Este padre sentirá muchas tentaciones de entrar en rivalidades con el otro progenitor: «¡El pañal no se pone así! ¡Has olvidado ponerle cremita y se le va a irritar la piel! ¡Deja que respire un poco, si no hará pipi en el mismo momento en que termines y tendré que cambiarle de nuevo!». Sobre este terreno, es muy fácil y peligroso ir haciendo zancadillas.

El trabajo en equipo evita invadir el conjunto del terreno de la parentalidad, para lamentarse después de la dimisión de los padres y el dominio de las madres.

☐ **¿Hasta qué punto se pueden compartir las angustias con el otro?**

Algunos, en vez de no saber comunicarse, dejan escapar por su boca todo tipo de dudas. «¿Y si no lo consigo? ¿Y si tuvieras que quedarte solo con el niño?».

Las angustias están presentes y son verbalizadas de forma constante, sin censuras, sin maquillaje, sin atención. Ser capaz de confiarle al otro las dudas que se tienen es una prueba de confianza y permite verificar la disponibilidad y la solidez de la pareja. Sin embargo, manifestar constantemente dichas inquietudes puede erosionar la tranquilidad del otro, que, a su vez, podría empezar a angustiarse o dejar de ser capaz de confortar a su pareja.

—Me hablas pero no puedo escucharte. Tengo otras cosas en la cabeza y no me siento disponible.

—No me hables ahora de eso. Estoy demasiado agobiado por otro tema.

—¿Cómo puedes comprenderme tan mal? Estás totalmente absorto en tus cosas y te resulta indiferente lo que pueda pasarles a los demás. En cambio, yo me debato con mis angustias…

Es necesario que estos padres rompan la cadena de las esperas frustradas y sean conscientes de que se encuentran en una «escalada simétrica» en la que cada uno reenvía el discurso del otro, como un espejo; deben encontrar los momentos propicios para hablar y escucharse, sin tener que contabilizar el tiempo invertido reconfortando al otro y, este, sin que se sienta solo en su malestar.

Cuarenta y ocho horas en la vida de una mujer

A Teresa le gustaría releer el libro de Stefan Zweig *Veinticuatro horas en la vida de una mujer*, pero en estos momentos ni siquiera tiene tiempo para darse una ducha. Los días le parecen increíblemente cortos y es incapaz de decir qué hace para llenarlos tanto.

Intenta analizar este hecho, por teléfono, con sus amigas y con su hermana.

Cada una le aconseja, según su experiencia:

—Deberías caminar un poco. Con treinta minutos de marcha rápida al día, enseguida te pondrás en forma.

—Deberías ir a la peluquería. Eso te relajará.

—Deberías apuntarte otra vez al gimnasio. No descuides tu físico. Hay que estar en forma.

—Busca tiempo para ir al mercado. Si quieres seguir dando de mamar, es importante que te alimentes bien. Será un momento de relax y, si vas con el peque, todos los comerciantes se enternecerán y no tendrás que hacer colas.

—Voy a pasar a verte para que te distraigas un poco. Pero no se te ocurra preparar nada. Llevaré algo para acompañar el té.

Teresa ahora se siente más presionada, pues considera que ninguno de estos consejos tiene en cuenta su situación. Sin embargo, todos ellos proceden de personas que la quieren.

Todas le han dicho que, para organizar mejor su jornada, debería incorporar alguna actividad esencial y salvadora. Si Teresa les hiciera caso, sus días durarían cuarenta y ocho horas y apenas vería al bebé.

Cuando Julián regresa del trabajo y le pregunta qué tal ha pasado el día, Teresa no sabe qué decirle. Tiene la impresión de que ha sido incapaz de hacer nada:

—Sin embargo, no me había propuesto demasiado. Sólo quería arreglar la habitación del bebé y clasificar la ropita, porque hay cosas que le quedan ya muy pequeñas. ¡Qué rápido pasa el tiempo! La gente suele decir que no vemos crecer a los niños. Yo deseo retener cada instante para luego recordarlo, pero el resultado es que me siento nula, porque también quería ordenar nuestra habitación y ni siquiera he podido empezar.

Teresa no consigue transmitirle que sus días son demasiado cortos y piensa que Julián no la entiende.

—¿Sabes? —le explica entonces—, la psicoanalista Nadien Arcis dice que si las madres jóvenes parecen desorganizadas, es por las «circunstancias extenuantes». Creo que empiezo a comprender esas palabras.

Julián considera que es un hombre paciente y que no le pide demasiado a Teresa. Intenta reconfortarla y le dice que la ayudará a organizarse mejor. Ella considera esto una crítica, una injusticia.

Entonces, Julián piensa que su mujer va a acabar apartándole de la vida que comparte con el bebe, pues apenas le cuenta nada. Lo considera injusto. Él está en el trabajo, a menudo con la cabeza en otra parte, pero no comparte lo que vive Teresa.

El odio a los domingos

«Odio los domingos», cantaba Juliette Gréco. ¿Cuántas veces habremos oído esta frase en las terapias de pareja?

Cuando los padres de un niño de corta edad trabajan (e incluso cuando sólo uno de los dos tiene un empleo), el descanso del fin de semana se espera con impaciencia. Es el momento de poder estar juntos, tranquilos.

Pero los problemas empiezan cuando las expectativas divergen.

¿Cómo completar, en sólo treinta y seis horas, el programa fijado? Hacer la compra de la semana, arreglar la casa y también organizarla (pues cambia en función de la edad del niño, sobre todo si su nacimiento ha comportado una mudanza); ver a los amigos, visitar o recibir a la familia; encontrar tiempo para estar en pareja; y, sobre todo, poder descansar. También es el momento de hacer deporte, retomar los estudios interrumpidos, distraerse, jugar con el niño y, quizá, proponerse una siesta (con la intención o no de dormir) y tener que cancelarla porque, justo ese día, el niño no se queda dormido a la hora prevista.

Cada uno tendrá prioridades irreconciliables.

Por lo tanto, es frecuente que la decepción salga al encuentro. ¿Será necesario culpar al cónyuge y hacerle responsable? Seguro que no. Sin embargo, la tentación podrá ser grande, sobre todo si también lo ha sido la decepción. De este modo, semana tras semana, el domingo será esperado con aprensión y, después, con lasitud.

Cuando hace buen día, las grandes diferencias pueden intensificarse: espacios verdes contra salidas culturales. ¿Quién de los dos será el depositario de las necesidades supuestas del niño? ¿Quién de los dos aceptará someterse al proyecto del otro sin atribuirle mala fe? «Necesita espacios verdes» contra «Necesita ver mundo, tener contacto con otros niños», etc.

Sin embargo, esta visión catastrófica de los domingos no es ineludible, pues las frustraciones y las decepciones estarán íntimamente relacionadas con la rigidez de las expectativas y las exigencias o, lo que es lo mismo, con la «economía de la flexibilidad» de la pareja y de cada uno de sus miembros.

10
Variaciones sobre el tema del deseo

La espiral descendente del deseo

Afecta a la mayoría de las parejas, pero a algunas más que a otras (por ejemplo, aquellas que intentan averiguar quién de los dos es más responsable o aquellas que no evocan esta reducción del deseo más que al final de una discusión que se inicia por un tema distinto). Con frecuencia, este conflicto pasa a ocupar un primer plano y su resolución suele considerarse una señal del regreso al estado anterior de pareja. Los cónyuges recuerdan como maravilloso este estado anterior («Ya no es como antes»), aunque en ocasiones la crisis del deseo ya existía antes de la llegada del bebé. Aunque aparezca de repente, esta falta de deseo no suele sorprender a la pareja, pues ya le habían prevenido sobre ella.

☐ Cómo ser madre y mujer al mismo tiempo

«Tengo tantas ganas de volver a tener ganas…», dicen algunas madres jóvenes. Desde que dieron a luz y aunque nunca habían imaginado que esto podría ocurrirles, se sienten «vacías» de deseo. Muchas otras mujeres que han pasado ya por esta misma situación intentan reconfortarlas: «Ya pasará. No durará demasiado…».

Al principio, echan la culpa a la transformación del cuerpo, las noches en vela, la lactancia y el aumento de peso. Sin embargo, cuando todo debería haber regresado a la normalidad, cuando la lactancia ha quedado atrás y la gimnasia posnatal ha hecho efecto sobre los abdominales y el perineo, el deseo sigue sin aparecer. Entonces surge la duda: «¿Y si no vuelve a regresar?».

Para comprender este temor es necesario interrogarse sobre la naturaleza del deseo. El psicoanálisis nos invita a pensar en el deseo, situándolo en el espacio que hay entre la necesidad y la demanda. La necesidad es dormir, comer y beber. La demanda, más allá del objeto demandado, es la de recibir amor del otro. Sin embargo, se trata de una demanda imposible de satisfacer porque nos remite a nuestros primeros amores y a nuestras primeras decepciones. El deseo se sitúa en un recuerdo, no consciente, de antiguas emociones que han sido transmitidas, sin haber sido identificadas, por la persona que las experimenta y por elementos tan sutiles como una voz, una mirada o un olor. Por lo tanto, se trata de una alquimia compleja y de una sincronía que debe encontrarse entre estos dos deseos.

Si este encuentro inicial, el que soportaba el deseo que brotaba entre ambos cónyuges, es tan antiguo, ¿por qué es zarandeado por la llegada de un niño que, además, es el fruto de su amor? Porque, para los cónyuges, se trata de un redescubrimiento. Se han convertido en padres, y este cambio (de cuerpo, de posición, de lugar) comporta grandes transformaciones.

El embarazo, el parto y el nacimiento constituyen, tanto para la mujer como para la pareja, una especie de travesía, pero nadie sabe cómo será el viaje ni cómo imaginar la otra orilla.

Durante el embarazo se plantean diferentes cuestiones: «¿Cómo ser una mujer y no sólo la hija de mi madre o de mi padre?», «¿Mi madre también era una mujer?», «¿Qué mujer soy?», «¿Qué mamá voy a ser?», «¿Qué significa "ser una mujer"?», «El hombre al que amo y con el que voy a tener un hijo seguirá siendo un hombre a mis ojos?» «¿Seguiré siendo una mujer deseable para él?». En la confusión que suscitan estas palabras, el niño ocupará un lugar que, para muchas mujeres, será tan importante que «desviarán» en su beneficio una gran cantidad de energía psíquica general y, por lo tanto, emotiva, sensual y sexual. Freud ya dejó constancia de ello diciendo que, para las madres, el niño que traían al mundo era una parte de su cuerpo al que amaban tanto como a su propio cuerpo y, al mismo tiempo, un nuevo ser al que concedían un sentimiento amoroso. Por lo tanto, de forma inconsciente, el niño es investido de un poderoso interés erótico, aunque el deseo consciente de las madres jóvenes sea volver a ser mujeres lo antes posible y no descuidar a su marido. Con mucha frecuencia, se enfrentan a este hecho con gran dolor. «Tengo muchas ganas de tener ganas». Pero, como todo el mundo sabe, el deseo escapa al anhelo consciente.

No obstante, es vital que un recién nacido disfrute, durante los primeros momentos de su vida, de una madre «totalmente entregada a él». Durante los tres primeros meses, «la locura de los cien días», todo está patas arriba y las fronteras se desplazan: las del individuo, las del individuo y el bebé y las del individuo y su cónyuge. Se trata de un desplazamiento geopolítico, estratégico y emocional.

Más adelante, el niño necesitará separarse de la madre y, para ello, esta deberá iniciar un ritmo de presencia-ausencia.

Tras la fase de «presencia omnipresente», la madre debe empezar a separarse de forma progresiva del niño y enseñarle a soportar su ausencia. En ocasiones, en este tramo delicado para el niño y la madre, el deseo se paraliza, como intentando decir: «No estamos preparados, ni el bebé ni yo, para iniciar esta separación progresiva».

(Los hijos de aquellas madres que nunca están preparadas para separarse crecen y, al alcanzar la edad adulta, suelen sentir que su madre y su mujer tiran de ellos. Cuando se convierten en padres, la situación se vuelve crítica o les hace adoptar una distancia conveniente para todos).

Estas dificultades son más o menos ineludibles. Pasar de ser madre a ser mujer una vez más suele ser difícil. Conferir al hijo esta separación necesaria para que se abra al mundo y ocupar la función de compañera sexual de su marido es un ejercicio sumamente complejo. Con frecuencia se piensa que el éxito de este ejercicio depende de forma exclusiva de la mujer, pero una gran cantidad de fracasos se deben, precisamente, a esta convicción que comparten hombres y mujeres por igual.

Debido a las dificultades que entraña esta etapa intermedia, la importancia de las posturas cobra una mayor relevancia. De forma paradójica, se podría pensar que la sociedad actual es la que resta importancia a estas dimensiones fundamentales presentes en el acceso a la maternidad, infravalorando la imagen y la representación de una mujer-mujer, que también es madre, trabaja durante el día y seduce a su compañero al caer la noche. Una supermujer dispuesta a ser eficaz y, al mismo tiempo, una sensual seductora.

Da la impresión de que a estas madres jóvenes ya no se les concede el tiempo necesario para descubrir, aprender y asimilar esta etapa. Sin embargo, el hecho de restar importancia a las dificultades que entraña fomenta el sentimiento de fracaso o de incapacidad de estas madres jóvenes.

Por lo tanto, es necesario que la pareja se tome su tiempo, que no establezca objetivos rígidos y que sea consciente de que toda evolución se realiza paso a paso.

□ **Respecto a los hombres**

Con frecuencia se dice: «Las mujeres dejan de desear a sus maridos porque la relación con el bebé "las llena"». Resulta tentador convertir a las mujeres en las «responsables» de este fenómeno, sobre todo para los hombres, que encuentran aquí una forma de desembarazarse del peso del problema («Eres tú quien debe resolverlo»). Además, es un reclamo para las revistas, que buscan las soluciones que proponen a las mujeres que las compran, y es la explicación más lógica para los consejeros y los psicoanalistas, pues las mujeres están más dispuestas a recurrir a ellos y a aceptar el peso de esta responsabilidad desde hace generaciones.

Sin embargo, se trata de una lectura demasiado inspirada en el discurso masculino, en la medida en que es la mujer quien deja la sexualidad «a un lado». Los hombres explican con frecuencia: «Nuestra relación no es buena ni afectuosa porque la sexualidad no funciona. Si tuviéramos relaciones con más frecuencia, sería más tierno con mi mujer». Por su parte, ella dice: «¿Cómo va a apetecerme hacer el amor si no es tierno conmigo? Si no me dirige la palabra en toda la tarde, no puede pretender que me apetezca de repente, con el pretexto de reavivar la llama...».

¿Los hombres no tienen nada que decir al respecto de la reducción de su deseo?

> En la comedia *Una terapia peligrosa*, un asesino de la mafia consulta a un psicólogo. El humor, como suele ser frecuente, procede del encuentro entre dos personas que jamás deberían haber estado frente a frente, pues cada una teme en cierta medida a la otra. Por lo tanto, se trata de una situación harto improbable. El siciliano le explica al psicoanalista que tiene una mujer y una amante. Al psicoanalista le sorprende la ausencia de culpabilidad del paciente ante este tema, pero este le explica:

—¿Cómo pretende que acepte que mi mujer me toque y me haga cosas con la misma boca con la que besa a mis hijos?

Esta frase refleja ciertas cuestiones complejas y frecuentes.

Con el nacimiento, la mujer se convierte en madre y, para algunos hombres (o en ciertas culturas), la confusión inconsciente se desarrolla entre lo sagrado y lo repulsivo o, por citar el título de otra película, entre «la mamá y la puta».

¿Es posible eliminar estas representaciones de la cabeza? Son eminentemente culturales y están reforzadas por una educación que, cabe señalar, suele ser transmitida por las madres. Es frecuente (¿acaso ahora se puede decir «era frecuente»?) que estas madres eduquen a sus hijos de forma que se conviertan en hombres que respeten a las mujeres pero, al mismo tiempo, sean duros y fuertes; en hombres que no confesarán jamás a nadie, y pocas veces a sí mismos, que son débiles; en hombres que siempre estarán preparados para el sexo y dispuestos desde el momento en que se les solicite. En resumen, en hombres que, ante la ausencia del deseo, irán a buscarlo a otra parte.

De forma inconsciente, estas características tendrán connotaciones distintas dependiendo de si las mujeres de la familia han conocido hombres fuertes que hayan dejado en ellas un recuerdo positivo o que las hayan hecho sufrir. Nos viene a la cabeza Romy Schneider, la Rosalía de la película de Claude Sautet *César y Rosalía*, que dudaba entre César, un macho seductor y frágil que representaba a los hombres de los años cincuenta, y David, del que decía: «Me lleva sin arrastrarme, que me quiere sin atarme, que me tiene sin encerrarme».

Con frecuencia, estas nociones de respeto son contradictorias. Los niños aprenden a respetar a su madre, a las madres, y desarrollan cierto temor hacia el misterio femenino. No saben qué es lo que seduce a las mujeres y tropiezan una y otra vez al intentar diferenciar entre la «masculinidad», la «virilidad», la «sensibilidad», la «parte masculina del hombre» y «homosexualidad latente». Muchas de las dificultades de la sexualidad de las parejas tienen su origen en el espacio que existe entre el exceso de respeto y el exceso de temores.

☐ **Un problema que hay que resolver entre dos**

Son ambos cónyuges quienes, poco a poco, deben resolver la crisis de la sexualidad. Para ello, cada uno deberá aceptar dar un paso que ayude al otro a dar también uno; hay que evitar poner el listón demasiado alto y cada uno tendrá que ser consciente de que el placer no estará presente en cada ocasión. Y también deberán procurar que no haya «demasiada gente en el dormitorio» o, lo que es lo mismo, tendrán que buscar momentos de intimidad.

> El siguiente ejemplo lo protagoniza una pareja de ejecutivos. Antes del nacimiento de su primer hijo, ambos reflexionaron y hablaron largo y tendido. Para ellos, era prioritario que al menos uno de los dos estuviera muy presente para ocuparse del bebé. Finalmente decidieron que fuera el padre quien pidiera la baja maternal, pues a ella le apasionaba su trabajo y él se sentía poco implicado en el suyo. A él le satisfizo el reparto, que además le resultaba conveniente. Y a ella también.
> Cuando se dieron cuenta de que la sexualidad de su pareja había desaparecido, acudieron a un terapeuta. Ella confesó que, con gran sorpresa por su parte, había desvirilizado a su marido por la seriedad con la que se tomaba su trabajo en el hogar. Sin embargo, como siempre se había considerado feminista, se sentía decepcionada consigo misma por pensar así. Él, por su parte, había visto cómo se alejaba, centrada en su éxito profesional.

Sus referencias inconscientes a los esquemas clásicos, que ellos consideraban obsoletos, habían inhibido su deseo sexual.

Esta pareja no ha efectuado ningún cambio en sus opciones de vida. Sin embargo, la toma de conciencia de los engranajes inconscientes de su sexualidad les ha permitido imaginar nuevos escenarios eróticos y recrear situaciones que han propiciado el regreso del deseo. De esta forma, cada uno ha podido asegurar que este deseo era compartido por el otro, algo de lo que con frecuencia habían dudado.

◻ **Espacios, fronteras y territorios**

El niño está dormido. ¡Por fin! Comienza la velada. Un momento de calma, de relax, de respiro, de reposo. Un momento para compartir. O no.

Delante del televisor que difunde las noticias, recogen juntos la mesa.

—Háblame de tu jornada —dice ella.
—No ha ocurrido nada digno de mención, además no me apetece hablar de trabajo. ¿Y la tuya, qué tal?
—Tampoco ha ocurrido nada digno de mención. Te siento distante.
—En absoluto.

Y ella le dice, una vez más, que tiene la impresión de que ya no le interesa, de que le aburre intelectualmente. Ahora sale menos, tiene menos tiempo para leer y menos energía para saciar su curiosidad. Él le responde, una vez más, que no es cierto, pero que tiene la impresión de que ella está menos interesada por él y de que el bebé la absorbe por completo. Por eso, trabaja más y acepta tareas que probablemente habría rechazado en el pasado.

De forma insidiosa, se reencuentran una hora más tarde. Mientras tanto, él está en la habitación delante del ordenador, consultado el correo electrónico, jugando, hablando con los amigos o trabajando. Ella está en el salón, delante del televisor, viendo una película o un programa que habla sobre las dificultades de las parejas. O se pasa horas al teléfono, puesto que estos son sus únicos momentos de tranquilidad.

Al día siguiente la situación puede ser la contraria: ella está delante del ordenador y él viendo una película o jugando con la consola.

Son conscientes de que no comparten los mismos gustos cinematográficos. También se dan cuenta de las capacidades increíbles de los ordenadores, pues él pasa una gran cantidad de tiempo grabando DVD (para ella) o editando los vídeos que graba de su hijo.

Advierten que, de repente, sus ritmos de vida no están sincronizados. Ella necesita acostarse pronto, extenuada, pues se levanta varias veces durante la noche. Él no tiene sueño y no consigue dormirse hasta altas horas de la madrugada. Por lo tanto, es él quien atiende al bebé la primera vez que se despierta y pasa unos momentos con él, intensos, de los que disfruta muchísimo.

¿Quién será el primero en anunciar que se están evitando? O, mejor dicho, ¿quién será el primero en denunciar que recurren a las pantallas para relajarse —algo que ambos necesitan y a lo que tienen derecho— pero también para alzar un muro entre ellos y su intimidad?

Resulta sencillo dejarse invadir por la necesidad de relajarse. Sin embargo, si no son cautelosos, tendrán que realizar grandes esfuerzos para deshacer el círculo vicioso que acabará creándose.

«Tú intentas evitarme y yo evito el riesgo de acercarme porque sé que me rechazarás. De este modo me protejo. Entonces, tú te sientes desplazada y no me haces ninguna señal que me permita pensar que seré bienvenido a tu lado».

No es sólo la sexualidad lo que corre peligro, sino también la complicidad, la sensualidad, la capacidad de comunicarse sin palabras, el establecimiento de la ternura. La desconfianza entra en juego, de forma insidiosa, porque cada uno teme ser rechazado por el otro y pierde la confianza en sí mismo.

Es evidente que esto se inscribe en experiencias que validan estos temores: él ha intentado realizar un «acercamiento» que ella ha rechazado. Ella ha pasado varias veces por la habitación del ordenador para pedirle que fuera a la cama, pero él no lo ha entendido como una invitación, sino como una obligación de ir a dormir.

Malestar en la sexualidad

En ocasiones, el nacimiento de un niño comporta cambios muy profundos.

> Esteban tiene treinta años cuando nace Julio. Es su primer hijo. Amelia y él han estado juntos desde que ambos tenían dieciséis años. Un amor de juventud, amistad, cariño y complicidad.
>
> Amelia y Julio se ausentan tres días, durante Semana Santa, para visitar a los padres de la joven. A su regreso, Esteban está desamparado, se muestra distante y evita todo contacto. Amelia le pregunta qué ocurre y, a medida que pasan los días, se siente más inquieta.
>
> Finalmente, Esteban le confiesa que durante su ausencia ha mantenido una relación homosexual con un desconocido al que encontró por Internet. Le explica que es la primera vez que hace algo así, que muchas veces ha tenido fantasías homosexuales pero que nunca había pasado a la acción. Ahora se pregunta si ha descubierto su verdadera naturaleza y si podrá con-

tinuar su relación con Amelia. Ella está furiosa, decepcionada, ha perdido toda la confianza que tenía en él. Ambos deciden darse un poco de tiempo antes de tomar una decisión.

Amelia considera que Esteban está atravesando un periodo depresivo, pues la empresa en la que trabaja acaba de ser absorbida por otra y corren todo tipo de rumores sobre el futuro de los trabajadores. Además, Esteban perdió a su padre cuando apenas tenía un año. Quizá se siente incapaz de soportar todas sus responsabilidades.

Esteban decide acudir a un psicólogo. «No debe renunciar a su deseo», le aconseja este. Sin embargo, ¿cómo va a acceder a él? No desea perder a Amelia, a quien ama profundamente, aunque ya no siente ningún tipo de deseo por ella (¿de momento?), ni tampoco a Julio. Sin embargo, desea avanzar en su desarrollo personal, que en la actualidad consiste en profundizar en sus experiencias. Ha conocido a Amelia demasiado joven y le da miedo estar ignorando lo esencial.

¿Acaso la relación madre-hijo le hace sentirse excluido? El camino que ha iniciado no hará más que incrementar la proximidad entre Julio y Amelia, ya que ella se pregunta qué referencia masculina será, para su hijo, este hombre que es posible que acabe decidiendo irse a vivir con otro hombre.

La adicción al vínculo

Se sabe que muchas personas, sobre todo hombres, tras la llegada del niño desarrollan relaciones de dependencia. Abusan de ciertas sustancias (por lo general, el alcohol), se vuelven adictos a juegos en los que haya dinero de por medio y, en ocasiones, incluso se introducen en una secta.

Los desvíos son múltiples para aquellas personas que salen brutalmente de una relación fusional para entrar en un vínculo de dependencia. Cabe añadir que, cuanto mayor sea la intensidad de esta dependencia, mayor será la lucha necesaria para liberarse del «síntoma».

Las reacciones de los cónyuges también variarán. Por ejemplo, la introducción del alcohol se verá con mejores o peores ojos dependiendo de la cultura de cada uno, del modo en que el alcoholismo se considere o no patológico y de las conductas que lo acompañen: violencia verbal, física, peligro para la integridad del bebé... También dependerá de la culpabilidad que experimente el cónyuge, que podría sentirse responsable por haber excluido al otro, no haberle ayudado bastante, no haberle amado lo suficiente...

11
Fundar una familia

Ahora pasamos a una nueva dimensión más personal y metafísica. Cada uno la siente y la desarrolla a su modo, o no lo consigue. No resulta sencillo hablar de ello, pues la toma de consciencia aparece en diferentes momentos según cada persona.

El nacimiento es un acto irrevocable e irreversible

El niño está ahí. El regreso al estado anterior ya no puede tener lugar.

En una canción de rap, M. C. Solaar, acompañado de otro cantante, «hace balance» de esta situación:

> Dos amigos hablan y evocan su pasado común, el cual, sin embargo, no es tan lejano.
> —He cambiado —dice uno—. Ahora tengo una mujer que me ama y un hijo. Tengo responsabilidades.
> Y el otro responde:
> —Yo todavía no estoy ahí, pero pienso en ello cada día. Fundar una familia…

Esta conversación entre dos jóvenes que toman consciencia de que no sólo han pasado por el aro, sino que además parece gustarles, no aporta nada nuevo. Sin embargo, este cambio irreversible, esta bifurcación, van acompañados de la despedida de un modo de vida anterior y, por lo tanto, resultan dolorosos. Puede que incluso al individuo le avergüence confesar que le apetece «sosegarse» y «pasar a otra cosa». Parece que el hecho de tener un hijo, para los jóvenes rebeldes, sea la renuncia suprema, la aceptación de las reglas de la sociedad infame; parece que esta decisión vaya a ser incomprensible para el grupo de amigos, que excluirá o del que se excluirá el futuro padre (con más frecuencia que la futura madre). Al presentar al niño ante su familia se siente fuerte y orgulloso, pero ante su grupo de amigos siente que estos le consideran un traidor que se ha pasado al bando de los horteras.

Para muchos padres jóvenes, el nacimiento del niño representa el primer acto irreversible y definitivo que realizan. Aquellos que han sufrido un accidente grave o han perdido a un ser querido saben que la proximidad de la muerte permite acceder a este sentimiento de irreversibilidad. Sin embargo, también han sufrido las circunstancias de esta experiencia. Con el nacimiento, ellos serán los actores de este acontecimiento de vida. En un momento u otro, acabarán tomando conciencia del carácter irreversible de la llegada del niño. Y está ira acompañada, poco a poco o de forma brutal, de otras tomas de conciencia.

Hasta entonces podían tener la impresión de que la vida estaba hecha de compromisos y vínculos que podían desaparecer, romperse, borrarse y olvidarse, pero la llegada del bebé les hace caer de bruces en la responsabilidad de este acto que les acompañará durante toda la vida. Estas tres dimensiones, la irreversibilidad, la nueva responsabilidad que tienen entre sí y con el pequeño y la nueva percepción del paso del tiempo que les falta por vivir hasta la muerte, confieren a la experiencia del nacimiento unas características de maduración que no siempre resultan cómodas. Esta maduración se desarrolla lentamente, a medida que el niño crece, y su calendario no será el mismo para ambos padres. También es probable que sea distinto según el sexo del bebé, pues cada padre vivirá de un modo distinto su identificación con el niño.

La modificación en el ciclo vital de la familia y en las generaciones es evidente, sobre todo si se trata del primer niño de una nueva generación. El individuo convertido en padre sabe que sus padres han pasado a ser abuelos y que ellos también se aproximan, de forma simbólica, al final de la vida. «Estos niños nos empujan hacia la tumba», dicen con frecuencia. Esta constante refleja la ambivalencia que produce la llegada de un niño. Un hombre (o una mujer) al que le dé miedo envejecer o la muerte podrá sentirse resentido, de forma más o menos consciente, con el otro padre/madre que lo ha arrastrado hasta una situación que lo obliga a pensar en su destino ineludible.

Además, esta toma de consciencia de la irreversibilidad de la situación puede reforzar, en uno de los padres, una creencia preexistente que se formula de la siguiente forma: «El niño va a matar la pareja porque el regreso a la vida anterior es imposible». Es posible que esta convicción introduzca tensiones que la refuercen hasta tal punto que consigan validarla. Se trata de un círculo hermenéutico que puede ponerse en movimiento. Este bucle circular de validación mutua entre la percepción y el prejuicio deberá ser tenido en cuenta en materia de psicología.

Entre la sumisión y la rebeldía

Una noche, Julián regresa a casa con un DVD que ha alquilado en el videoclub al que se acaban de abonar. Como de momento han dejado de ir al cine, han decidido compartir de forma regular una velada. Los días que tienen lugar dichas veladas intentan acostar temprano a Pablo y cenan pronto, para poder estar juntos más tiempo. También intentan, cuando la película vale la pena, comentarla juntos, largo y tendido.

Esa noche han alquilado una película italiana, *El último beso*, que explica la historia de un hombre que vive una hermosa historia de amor con una mujer durante tres años, hasta que ella descubre que está embarazada. También relata la evolución de un grupo de cuatro amigos que se enfrentan a la vida de pareja y a la paternidad...

Teresa inicia le debate:

—¿Has elegido a propósito una película sobre las crisis de pareja de los treintañeros que acaban de tener un hijo?

—Sí y no. A mí me ha gustado mucho, sobre todo la atmósfera que se establece entre los personajes. Además, me encanta oír hablar italiano.

La película transmite la idea de que los hombres de treinta años que llevan poco tiempo casados o que están a punto de hacerlo desearían (en estos medios urbanos y «creativos») ser eternos adolescentes, como si estos no tuvieran vínculos y pudieran marcharse y abandonarlo todo de un día para el otro. Parecen estar en un dilema, vacilar entre la sumisión y la rebelión, pero ninguna de estas dos actitudes les conviene. ¿Someterse a la supuesta autoridad femenina o rebelarse contra ella y arriesgarse a la ruptura? Sienten que el fin de la pasión amorosa es sinónimo del fin del sentimiento amoroso y, por lo tanto, de la relación. Uno de los amigos del personaje principal dice, al final de la película: «El fin de la pasión no significa el fin del sentimiento amoroso. Sólo se produce un cambio de ritmo al que conviene que cada uno se adapte y que lo acompañe. Sin embargo, este cambio de ritmo no siempre es sincrónico. Ya sea por el embarazo o por los distintos sueños de cada uno, parece que la mujer lo percibe y lo inicia antes que el hombre». Él se encuentra en este dilema sumisión-rebelión del que es difícil escapar.

Si hay algo clásico en las descripciones que propone la película es la impresión de que las mujeres son decididas y saben lo que hacen. Los hombres deben escoger entre prestar atención a su mujer (y a la relación) u ocuparse de sí mismos, pero elegir entre estas dos posiciones (sumisión y rebelión) es casi imposible. La sumisión les hace pensar que están renunciando a su virilidad, mientras que la rebelión los conduce hacia la ruptura y la soledad.

De forma más sutil, la película muestra también cómo la (pseudo) determinación de las mujeres ante la maternidad, el modo en que se muestran serenas, tranquilas e implicadas en una continuidad, refuerza la posición de su compañero, que se debate entre las dos ramas de esta alternativa imposible, como si la sumisión significara la aceptación del vínculo y su perennidad, y la rebelión entrañara la huida y el individualismo.

Es evidente que la película se decanta por una tercera vía, que no es otra que la aceptación realista de los proyectos comunes. Cada uno debe ser consciente de que estos proyectos permitirán su desarrollo personal y que, al hacerlo, permitirán también el del otro.

Además se evocan las relaciones entre la joven embarazada y su madre. En la película, esta última aprovecha el embarazo de su hija para analizar su relación de pareja y sus opciones de vida. Al mismo tiempo se produce cierta rivalidad (la madre envidia la juventud de su hija, que se encuentra en un periodo de construcción), pero también emulación, pues la hija piensa: «No deseo tener la vida de pareja que ha tenido mi madre ni ser como ella», mientras que la madre confiesa: «No deseo seguir así; quiero ser joven y recuperar mi independencia». Sin embargo, será incapaz de pasar a la acción y acabará sometida al yugo de su marido, debido a una evolución que existe desde hace demasiado tiempo para que pueda ser modificada.

Las mujeres, al igual que los hombres, se encuentran frente a frente con sus miedos: miedo al compromiso, miedo a vivir sólo con un hombre, miedo a sentirse encalladas en sus vidas de madres y mujeres. ¿Por qué iban a ser los hombres los únicos en plantearse estas cuestiones?

También es posible preguntarse si los padres ayudan a sus hijos adultos a tomar buenas decisiones o si se reconcilian consigo mismos empujándoles a repetir aquello que ellos mismos lamentan haber hecho. Sus conclusiones, aunque sabias y apaciguantes, se decantan hacia el lado de la resignación. Este es el diálogo final entre el padre y su yerno, a propósito de la relación hombre-mujer:

—Siempre hay que apreciar su amor y sus pequeñas atenciones, la rutina diaria y su cuerpo que se deforma. El matrimonio no es obligatoriamente sinónimo de monotonía. Hay que seguir escuchándolas aunque se repitan, hay que seguir considerándolas atractivas y hay que seguir siendo gentil y considerado. Las personas se casan por alguna razón. Cuando vuestra hija esté embarazada, si seguís juntos, sentiréis que habéis envejecido de repente y os preguntaréis si habrá valido la pena.

—¿Y habrá valido la pena?

—Yo creo que sí. Pero hablar no sirve de nada, pues las palabras se las lleva el viento. Si permanecéis juntos será porque así lo habréis querido y a pesar de las dificultades con las que hayáis tropezado.

Julián y Teresa reconocen haberse quedado perplejos ante la conclusión de la película, cuando una joven mamá, feliz y serena, le explica a su amiga: «La verdadera revolución, hoy en día, es la normalidad».

—Nos hemos esforzado tanto en rechazar la conformidad —dice Julián—, que hemos acabado perdidos, tanto nosotros como el resto de nuestra generación. Ya no sabemos qué es lo que queremos porque nos da miedo que nuestros deseos sean percibidos como una patraña. Nuestros padres no querían tener aspiraciones burguesas y algunos han lamentado su elección en el momento de hacer balance. ¿Qué pensarían de este aforismo que coloca en un mismo plano «revolución» y «normalidad»?

La mirada de los amigos sobre la pareja

Teresa invita a cenar a Carolina, una amiga de la infancia. Al día siguiente, esta le llama por teléfono:
—¿Sabes, Teresa? Para mí, la cena de ayer fue penosa.
   Teresa se queda desconcertada. Para ella, fue muy agradable y le permitió airearse. Su visita fue un verdadero placer.
   —¿Qué pasó? No lo entiendo…
   —Tu pequeño Pablo es adorable y estoy encantada de verte tan feliz.. Sin embargo, veros a los dos mirar sin cesar al bebé y hablar de él sin parar fue fatigante. Sé que suele ser así y supongo que también yo lo hice cuando nació Teo. Pero veros rivalizar en todo momento para decidir quién de los dos lo hace mejor, quién tiene una mejor relación con Pablo, a quién mira más o a quién le cuesta menos comprenderle es insoportable para cualquiera que venga de fuera. Durante toda la velada, tuve la impresión de ser un árbitro en un concurso que no me interesaba en absoluto, que me estabais mostrando una parte de vuestra intimidad que no deseo conocer.
   Teresa, estupefacta, le comenta esta conversación a Julián.
   —Si fuera el comentario de una amiga que no tuviera hijos, diría que es la expresión de una envidia o una vieja rivalidad. Por lo tanto, vamos a suponer que Carolina sólo ha decidido expresarte lo que sintió por el afecto que te tiene. Es cierto que estamos muy pendientes de Pablo y que, probablemente, pecamos de exhibicionistas. Además, ahora apenas nos reunimos con

otras personas. Por lo tanto, creo que Carolina tiene razón. Aunque en estos momentos Pablo sea nuestro único foco de interés, no debemos imponérselo a los demás. Por otra parte, creo que será necesario que hablemos sobre esta competición de la que dice haber sido testigo.

La mirada de Carolina sobre la pareja es la de un tercero, al igual que la de otros amigos o ciertos miembros de su familia. Siempre que aparece un tercero pueden desarrollarse alianzas o coaliciones. La alianza es la relación privilegiada de dos personas en el seno de un grupo, mientras que la coalición es una alianza de dos «contra» otro miembro del grupo. Es habitual que, en un grupo de tres, las alianzas y coaliciones vayan cambiando durante el transcurso de una velada. De este modo, como el comentario de Carolina afecta a Teresa y a Julián, ambos establecerán una alianza (a pesar de que Carolina y Teresa se mostraron muy unidas durante la velada). Por otra parte, cuando una pareja necesita a un tercero para unirse en su contra, como contrapunto, se trata de una coalición en la que dos se alían contra uno. La coalición (que se forma y repite de un modo poco consciente) es un medio eficaz de unión (pero arriesgado, en términos de amistad). La lealtad de la pareja se verifica. (Por ejemplo, en las terapias de pareja, es frecuente que los cónyuges desunidos se alíen para criticar al terapeuta o el proceso de terapia). Sin embargo, si las coaliciones son violentas y los terceros se sienten rechazados de forma regular, pueden provocar un aislamiento, pues, en ocasiones, los terceros perciben que se está intentando realizar un movimiento «combinado en su contra». Es posible que Carolina se sienta como una intrusa que acaba de perforar la burbuja de la intimidad de Teresa y Julián, no como una amiga que llega para traer aire fresco del exterior.

Lo que ha denunciado Carolina es una coalición peligrosa. Se ha dado cuenta de que cada padre intenta unirse al bebé en contra del otro padre. Cuando los niños crecen, es habitual que sean ellos quienes, de forma puntual o permanente, intenten enfrentar a sus padres para conseguir algo.

Alimentar la relación

La pareja necesita reencontrarse. No es que se haya perdido, sino que se ha diluido de forma provisional en este «bebé a bordo».

Para recuperar la forma es necesario innovar. Hasta este momento se suponía que existía cierta espontaneidad, pues cada uno podía, más o menos, entrar y salir de la relación sin causar ningún daño. Sin embargo, a partir de ahora se requerirá una organización que permita que la pareja se reencuentre en el mismo lugar y con un estado de ánimo similar.

Los amigos les aconsejan salir de vez en cuando, ya sea al cine o a cenar, para conversar y volver a seducirse. Para ello será necesario que sean capaces de hacerlo o, lo que es lo mismo, que acepten dejar al bebé al cuidado de terceros. Es imposible decir a partir de qué edad se puede confiar el bebé a otros. Algunas parejas lo hacen desde el primer mes, mientras que otras esperan más de un año. Esto provocará un nuevo tema de discusión o de enfrentamiento, pero será necesario escuchar las angustias del otro cónyuge y, si no son compartidas, intentar confortarle y poner en práctica soluciones que tengan en cuenta su inquietud.

Por ejemplo, el reencuentro puede iniciarse en el hogar. ¿Quién dice que sólo sea posible hacerlo en el exterior?

No se debe asociar «interior» con «familia» y «exterior» con «pareja e intimidad», pues cada uno podría establecer representaciones que acabarían limitando a la pareja. Además, pocas personas poseen las ayudas materiales o las posibilidades financieras y morales que les permitan salir con frecuencia.

Por lo tanto, pueden concederse momentos de intimidad en el hogar.

Durante dichos momentos podrán hablar de cualquier cosa, además del «bebé». Como es un tema inagotable, el entorno empieza a hartarse de ser el testigo de las evoluciones diarias del pequeño y los padres sienten que no deben seguir aburriendo a sus allegados explicándoles las maravillas de la paternidad o sus angustias siempre renovadas. Por lo tanto, cabe la posibilidad de que decidan compartir en la intimidad las emociones y sentimientos que les inspira el niño. Y podrán hacerlo con tranquilidad, si a ambos les complace y les permite sentir su complicidad.

Su dicha tampoco se verá reducida si deciden hablar, únicamente, de cualquier otra cosa o entretenerse con la televisión o el ordenador. También es posible que acuerden desconectar todos los teléfonos, ya sean fijos, inalámbricos o móviles, y dejar sólo, para sentirse más tranquilos, el intercomunicador de la habitación del bebé, si esta se encuentra algo alejada de la estancia.

No es fácil mostrarse animado y relajado; de hecho, puede suponer un verdadero esfuerzo y de vez en cuando podrá palparse cierta tensión. Sin embargo, si cada uno juega bien su juego, el otro sabrá agradecerle que le haya permitido evadirse de aquello que no es en absoluto una cárcel.

Como hablar de algo distinto al «bebé» no siempre resultará sencillo durante toda la velada, ¿será necesario instaurar tarjetas amarillas (¡rojas no!) para aquel que saque a colación el tema «prohibido»?

El papá y la mamá de...

«Nunca imaginaste una vida así...», canta Alain Souchon. Julián, como muchos hombres, reflexiona de vez en cuando sobre el sentido de esta frase:

> La imaginaba resplandeciente, libre y muy distinta a la de mis padres y los de su generación. Y mírame, unos años más tarde, haciendo aquello que justamente no quería hacer. Y para colmo, he sido yo quien ha elegido esta vida que ahora llenan el bebé, su madre y el trabajo. Sin embargo, la mayoría de los días me siento contento. ¿A quién puedo culpar por encontrarme en esta situación banal y conforme? La simple existencia del bebé hace que me admire y, sin embargo, siento que la estrechez de mi actual existencia me hace enfermar. ¿Tomé en algún momento una decisión equivocada? ¿Me he dejado estafar? ¿Esta mujer con quien lo comparto todo estaba al corriente de lo que me esperaba?

Por su parte, Teresa piensa, durante la siesta del bebé:

> Todo el mundo me repite: «Lo tienes todo para ser feliz; un bebé magnífico (otras mujeres no lo tienen o no lo pueden tener), un hombre que te ama con locura (otras mujeres no lo tienen o no lo pueden tener)». A esto se unen otras consideraciones, como el trabajo, el techo bajo el que dormir y los amigos y la familia. «Lo tienes todo para ser feliz» significa: «¿Cómo puedes lamentarte, con todo lo que tienes? Tu situación es envidiable, lo que darían muchos por estar en tu lugar, etc.».
> Sin embargo, y aunque nadie pueda entenderlo, a veces me lamento. En ocasiones, y a pesar de que no me arrepiento de mis decisiones, me siento sola o demasiado alienada por la condi-

ción de ser mamá. El hecho de no poder lamentarme no hace más que reforzar mi aislamiento y acentuar la presión que siento. Siempre estoy cansada y tengo la impresión de que las horas pasan con demasiada rapidez aunque no haga demasiado. Mi universo se ha reducido. Y sólo puedo hablar de esto con mi pareja, que puede pensar que se lo estoy echando en cara o decirme que debería asumirlo. Asumir, he aquí una palabra importante que con frecuencia significa «cállate». O que se justificará diciendo que también él hace su parte de trabajo, y entonces tendré que volver a explicarle que no era eso lo que intentaba decirle. Que lo único que deseo es que me escuche, que me comprenda y que me abrace con fuerza para consolarme, para confortarme, para acunarme.

Cuando Teresa dice esto, Julián entiende, equivocadamente, que no se siente satisfecha y se pregunta qué más puede hacer. Le ha dado su libertad, su fuerza de trabajo, ha renunciado a otras mujeres por ella y ya no casi no ve a sus amigos. Las quejas de una tropiezan con la impotencia del otro y la refuerzan…, y esto acentúa en Teresa el sentimiento de incomprensión… En cambio, cuando consiguen intercambiar estos sentimientos, sienten estar más próximos el uno del otro. En ocasiones, dicen considerarse «codirectores de la empresa familiar». Reformulan sus conversaciones cotidianas y las imaginan como consejos de administración. Algunas son de construcción y se centran en el progreso de los proyectos, es decir, las vacaciones o las compras importantes (como un cochecito de tal marca o de tal otra). En ocasiones vuelan más alto y hablan del futuro, de las inversiones, de qué escuela elegir, qué tipo de actividades artísticas propondrán al niño más adelante o qué deportes debería practicar.

Estas conversaciones son importantes y serias, pues cimientan la familia. Sin embargo, Teresa y Julián consideran esencial introducir, de vez en cuando, pequeños toques de humor y liviandad. Sin duda, las revistas dirían que su vida carece de glamur. También es necesario realizar ciertos esfuerzos para poder redirigir la barra de las conversaciones, para encontrar el tiempo y el contexto necesarios de hablar de otras cosas, de trivialidades. Hay que esforzarse en no encender siempre el televisor, en no pasar la velada en silencio por cansado o estresado que se esté, en buscar temas de conversación que no se dirijan hacia los ajustes de cuentas o las acusaciones.

Teresa y Julián se dan cuenta de que antes sabían hacerlo. Sabían encontrar el tono que agradaba al otro y que permitía que la velada fuera agradable, apacible y fluida. Antes tenían la capacidad de sentirse cómodos juntos y echan en falta su complicidad. Sólo ellos pueden reencontrar esta «competencia». Ríen al utilizar este término, pues ya han adquirido cierta competencia en su modo de ser padres. Sin embargo, ahora les apetece recuperar la competencia de saber disfrutar de los momentos que pasan juntos.

> Tengo la impresión de que tú eres la única persona que sabe que no soy solamente «el papá de Pablo». Hasta ahora yo era «Julián», pero he perdido una parte de mi identidad y sé que esto sólo empeorará cuando Pablo comience el colegio. Tú eres la mamá de Pablo, y yo, su papá. En la calle, en la guardería, sólo se interesan por la salud de Pablo y sus progresos. Nosotros simplemente lo acompañamos, lo llevamos. Cuando me cruzo con algún vecino o con algún conocido de la guardería y estoy sin Pablo, no me dedica ni un «hola» ni una mirada. ¡Ni siquiera me reconoce! ¡No estoy acostumbrado a esto!

Crisis con las familias

El ejemplo que presentamos a continuación se sitúa, claramente, en el lado de la patología. Sin embargo, ilustra los problemas que pueden surgir, de forma imprevista, entre los cónyuges y su familia en general.

Antonio es un niño precioso de un año que está empezando a caminar. Sus padres no se llevan demasiado bien. Sonia es dentista y no termina de remontar el vuelo, pues ha abierto tres consultas en siete años. La última está relativamente cerca de su domicilio y sólo ahora empieza a permitirle pagar a la niñera. Sonia cuenta que se vio obligada a cerrar las dos consultas anteriores debido a la presión de José María y los padres de este. La primera vez lo hizo para estar más cerca de él. Tras la boda se trasladaron a un nuevo piso y, después de dos abortos naturales, José María consideró que Sonia debía reducir la duración del trayecto que la separaba del trabajo. Ahora, el padre de José María los ha obligado a trasladarse a unos cientos de metros de la empresa que posee y que José María dirige, pues les ha comprado, sin consultar su opinión, una pequeña casa a modo de herencia, situada en el extremo opuesto de la ciudad. José María grita con frecuencia y le reprocha a Sonia que no sea capaz de ganar dinero; esto a ella le enfurece, pues considera que es imposible desarrollar una clientela en estas condiciones. Además, no puede cuidar a Antonio como le gustaría, pues sus horarios deben tener en cuenta las necesidades de sus pacientes. Por supuesto, José María y sus padres le reprochan no estar lo bastante presente. Como él también trabaja muchas horas, suele pedirle a su madre, que vive en el barrio, que les eche una mano. Ella lo hace encantada (adora a Antonio), pero constantemente les recuerda que les está ayudando y que Sonia es una ingrata.

Sonia le ha dado a entender a José María, con medias palabras, que sufrió malos tratos en su infancia, pero la verdad es que él nunca la ha creído. En este ambiente detestable, Sonia llama una noche al médico para que constate que Antonio, que ha pasado gran parte de la tarde en casa de sus suegros, tiene las nalgas enrojecidas. A continuación le explica a su estupefacto marido que sospecha que sus suegros maltratan a Antonio. José María no la escucha y empieza a gritar. El médico hace todo lo posible por calmarlos. Antonio se echa a llorar, lo que hace que Sonia vea reforzadas sus convicciones. Entonces José María adopta un tono amenazante y Sonia convierte al médico en su testigo: si su marido está tan violento, es porque él mismo debió de sufrir malos tratos en su infancia. Conoce el tema y explica la negación y la identificación del agresor.

Sabiamente, el médico acaba ordenando el ingreso de Antonio en el hospital, para alejarlo de este ambiente nocivo.

En cuestión de minutos se exteriorizan meses y meses de violencia. Cada uno considera ser la víctima de la tiranía de los demás, lamenta no haberse rebelado y echa en cara al otro que no esté haciendo nada por desbloquear la situación. Sonia considera que su suegro siempre ha manipulado a José María y que él es el responsable de sus abortos. Ha infantilizado a su hijo para impedir que se convirtiera en padre. José María, que deseaba velar por los intereses de todos, ha quedado atrapado en un conflicto de lealtad y no quiere tener que elegir entre su mujer y sus padres.

Sin embargo, los primeros meses de relación fueron idílicos. Pero se habían conocido en el extranjero, a unas horas de avión, él de su familia y ella de su pasado...

El equipo medico-social podrá evaluar los diferentes problemas, aplacar los ánimos, proponer modelos que permitan arreglar la situación e intervenir psicológicamente. En este tipo de casos, la ayuda familiar será positiva, siempre y cuando no haya demandas judiciales de por medio.

Epílogo

El niño crece. Empieza a hablar. Le salen los dientes. Duerme. Sus adquisiciones se diversifican, al igual que sus deseos y sus necesidades. Cada vez se explica mejor; se hace entender a la perfección. Sabe decir «no»; usa y en ocasiones abusa de esta palabra. Hace las delicias de sus padres, pero también los deja extenuados. Es un adorable tirano doméstico.

El ritmo de vida de sus padres ha cambiado drásticamente. Ya no es el remolino de las primeras semanas. Ahora calculan la edad del pequeño en meses y no en semanas. Están de acuerdo sobre ciertos puntos referentes a la educación y al modo de ocuparse de él a diario. Juntos, intentan jerarquizar los problemas que se presentan: aceptar esto, rechazar aquello, mostrarse firmes en este punto, ceder en aquel otro que se considera menos importante. Cada uno lo hace a su modo, esforzándose en no descalificar al otro, sobre todo delante del niño.

Pero las discusiones pueden aparecer en cualquier momento: al enseñar al pequeño cuestiones de higiene, al controlar sus demandas y sus rabietas, al decidir si permiten que se acueste de vez en cuando con ellos, al hablar de su alimentación... Todo es un pretexto para dar la opinión o mostrarse contrario, para confiar en el cónyuge o imponer otro punto de vista.

—No quiero que lo dejes delante del televisor por la mañana. Se volverá idiota y será incapaz de separarse de la pantalla.
—Qué gracioso. Se nota que no eres tú quien te ocupas de él por la mañana. ¡Necesito darme una ducha y desayunar tranquila! Lo tengo el día entero entre las piernas. No sé de qué otro modo podría hacerlo. Además, tú también le dejas ver la tele. Ayer por la tarde, cuando volví del gimnasio, estabais viendo *Acción policial*. Ese programa es muy violento para él. ¡Y yo no te dije nada!
—No se enteró de nada; además, estaba medio dormido...

Un debate como este puede alargarse y no llevar a buen puerto. O puede interrumpirse si cada uno está convencido de que el otro lo hace lo mejor que puede y no tiene ninguna intención de perjudicar al pequeño. Esta buena disposición permite tener en cuenta el consejo del otro y sus límites.

La atmósfera también incide en la capacidad de la pareja para compartir los buenos momentos. Resulta más fácil hablar de aquello que se teme que de los deseos positivos; resulta más difícil hablar de la salud que del miedo a la enfermedad. Si la madre explica a su compañero los pequeños momentos, las cosas que hace el niño durante su ausencia, la complicidad de la pareja mejorará. Al padre le gustará oírlo y se mostrará dispuesto a compartir esta información cuando él, a su vez, se quede a solas con el pequeño. Muchas mujeres se quejan de que su cónyuge nunca les cuenta nada de lo que ocurre cuando no están allí, a no ser que el pequeño se haya lastimado o haya habido algún problema. Tienen la impresión de que su marido acapara algunos de los buenos momentos que pasa con el niño y, en ocasiones, su estado de ánimo es similar al descrito por Nick Hornby, escritor inglés, en *Cómo ser buenos*:[55]

---

55. Nick Hornby, *Cómo ser buenos*, Anagrama, 2004.

«Yo llevo lo que muchas personas considerarían una "vida normal". Otras —estrellas de *rock*, cantantes y editorialistas, que parecen pensar que los niños, los empleos fijos y los viajes organizados son peores que los sufrimientos de la muerte espiritual— me tratarían con gran desprecio, puesto que mi forma de vida corresponde a un ideal pseudoconservador. Y un tercer grupo pensaría que tengo una suerte increíble, que he sido bendecido por los dioses y mimado por mi educación, el color de mi piel y mi grupo impositivo. No buscaré pelea con estos últimos, pues ¿quién soy yo para contradecirlos? Soy consciente de lo que tengo y de aquello que no he tenido que sufrir. Respecto a los otros... no sé. Considero que el tipo de "normalidad" que desprecian ofrece grandes posibilidades en materia de prevención de la muerte espiritual y sus sufrimientos, que ya son espantosos de por sí».

En ocasiones, toda mujer puede sentirse aburrida de su vida de pareja y cansada de su marido. Además, teme que también él se sienta insatisfecho. Las miradas de otros hombres la sorprenden y la turban. ¿Estaría mejor sola? Se ha planteado el divorcio, como la mayoría de sus amigas: cualquiera de estos días... «¡No es necesario depender de un hombre». Si él conoce a otra mujer, si él busca nuevas sensaciones sexuales, si elude sus obligaciones domésticas... O si ella se adelanta y lo abandona...

¿El niño sufriría? Hay quien dice que es preferible separarse pronto que imponerle discusiones permanentes... ¿Cómo sería la vida, una semana sola con el niño y una semana sin peleas? ¿La pareja contaría con los medios financieros para encontrar dos pisos lo bastante espaciosos y que estuvieran próximos? ¿Para contratar dos niñeras? «No estamos en ese punto. Además, si tengo energía para construir una nueva vida sola, también puedo utilizarla para intentar vivir mejor la que he elegido».

A la mayoría de los hombres también les surgen dudas:

Con frecuencia me siento como un pececito ante las fauces de un tiburón, explica uno de ellos. Doy media vuelta y no sé qué hacer. Y lo peor de todo es que me siento molesto con mi compañera por haberme metido en esta situación, aunque sé perfectamente que fue una decisión que tomamos juntos. Sin embargo, tras el nacimiento de nuestro hijo, tengo la impresión de que ella lo dirige todo. Me dice lo que tengo que hacer y me señala todo lo que no hago bien. Intenta aportar cierta ternura, pero se ha vuelto demasiado autoritaria y yo desconocía esta faceta de su carácter.
He invertido tiempo intentando reaccionar de la forma correcta. Al principio me dejaba llevar, pues suponía que ella sabía mejor que yo qué era bueno para el pequeño. Pero el hecho de callar tantas veces hizo que fuera incapaz de soportarme a mí mismo. Entonces cambié de táctica y me dediqué a rechazar todas sus propuestas y a pasarme el día entero de mal humor, pero tampoco me sentía mejor conmigo mismo.

Para salir de la trampa se requiere un esfuerzo de imaginación, creatividad y flexibilidad: «Me someto y me siento cobarde o me rebelo oponiéndome a todo y me arriesgo a equivocarme o a alterar la relación». Para escapar de esta alternativa insatisfactoria y bloqueadora conviene considerar cada una de las proposiciones emitidas por el otro, una por una. Y, sobre todo, reflexionar sobre su contenido. Si se parte de la base de que aquello que se está pidiendo es por el interés del niño y no por la voluntad de asumir el poder en la relación, se podrá encontrar un terreno de comprensión o criticar la propuesta de forma que cada uno pueda escuchar y comprender los argumentos desarrollados.

Algunos hombres están convencidos de que la guerra de los sexos no acabará nunca y que si cuestionan demasiado la toma de control de su mujer en la vida familiar, ella se marchará. Aunque esta forma de entender las relaciones de pareja es comprensible en los momentos de conflicto, lo único que conseguirá será provocar una «carrera de armamentos», pues el cónyuge se convertirá en un enemigo que desea la rendición completa del otro.

Otros, que forman un grupo cada vez más numeroso, son más moderados. Defienden la diferencia, pero también la mezcla y la complementariedad. Saben que en ellos se mezcla lo masculino y lo femenino, la vida adulta y ciertos vestigios de la niñez, de modo que son conscientes de que su compañera también integra diferentes componentes. En este caso, la pareja puede imaginar que, si consigue que estas combinaciones sean complementarias, logrará crear algo bueno sin que ninguno de los dos pierda su «identidad» o su integridad. Y quedará el amor, tanto el que sienten el uno por el otro como el que siente cada uno por el niño.

> —¿Y el amor propio no se resiente? —pregunta un amigo.
> —A veces. Pero no creo que el amor propio deba preponderar en todo momento, al menos en lo que respecta a la calidad de la relación que mantengo con mi mujer. Depende del tema concreto. Intento ser muy claro sobre aquellos asuntos que considero prioritarios, pero los demás los debatimos.

En toda pareja con hijos hay dos individuos preocupados por su independencia y su libertad, que se aman y que desean compartir experiencias y construir la vida que han imaginado juntos. Como su educación, su historia y sus caracteres son distintos, es imposible que todos sus proyectos puedan superponerse. Sin embargo, poco a poco, aprenden a crear su propio modelo. Intentan escucharse y asumir que el otro tiene buenas razones para adoptar un punto de vista concreto. El deseo de solidificar su relación es el motor que les mueve; el amor, es decir, la combinación de deseo y la curiosidad frente al otro, es el carburante. La voluntad de perseguir su proyecto es un preciado tesoro.

Conocen las decepciones, las desilusiones y las trampas. Saben que su «desinterés» no es completo y que han destinado a su hijo (y es preferible que lo reconozcan), tanto por su nacimiento como por su desarrollo precoz, a gratificar a sus padres y reforzar su narcisismo.

Pero la experiencia, asociada a cierta sabiduría, les ha enseñado a consagrar ciertos momentos al niño (a los niños), otros a ellos mismos y otros a su pareja. Lo esencial para ellos es evaluar bien sus expectativas. Todavía ahora, ambos se preguntan de vez en cuando: «¿Siento pertenecer a esto?». Si se plantean seriamente esta cuestión, con honestidad y no sólo cuando se produce un conflicto, la respuesta con frecuencia será afirmativa. Cada uno, a su vez, admitirá estar construyendo su vida lo mejor posible.

En ocasiones, todo esto resulta sumamente complejo y el escenario no es el de una película de acción ni el de un drama romántico. Sin embargo, a medida que avancen y vayan aprovechando los momentos intensos de felicidad que aparezcan en su camino, se convertirá en su propio escenario...

Conclusión

Aprobada la reforma de la Ley del Divorcio (ley 15/2005 de 8 de julio), que agiliza considerablemente los trámites y suprime la obligatoriedad de la separación previa y la necesidad de alegar causas para la ruptura matrimonial, podemos plantearnos la conveniencia de esta obra. Al fin y al cabo, si resulta tan fácil separarse, ¿para qué diseccionar las relaciones de pareja en un intento de prevenir el riesgo de conflictos provocados por el nacimiento del hijo? ¿Para qué tender un cable que podría preservar el equilibrio conyugal? ¿Para qué nadar a contracorriente si sería más sencillo dejar que aquellos que ya no se entienden ni se escuchan se separen e intenten simplemente «salvar los muebles», es decir, a los niños?

Nuestros padres y abuelos tropezaban con diferentes causas (políticas, sindicales, religiosas y demás) que los obligaban a permanecer unidos al precio de grandes decepciones. En la actualidad, el compromiso es sinónimo de alienación. La pareja es un terreno de aventura. A los ojos de muchos, criar a los hijos parece haberse convertido en el último acontecimiento que merece la pena… ya sea un compromiso personal o de pareja.

Las expectativas están a la altura de los sacrificios consentidos. Los momentos de desánimo no pueden ser atribuidos al niño, que es inocente por definición. Por eliminación, resulta sencillo considerar que se deben al cónyuge, de modo que la separación puede plantearse ya desde los primeros conflictos. ¡Y la de frustraciones que genera el nacimiento de un hijo! Hace tiempo que se ha constatado que el número de divorcios tiene su punto álgido tras el nacimiento del segundo hijo. La pareja, que ya ha tropezado con dificultades tras el nacimiento del primero, se ha recuperado suavemente pero ha quedado algo coja. El deseo de fundar una familia, de reproducir un modelo de dos hijos, de solidificarse, sostiene el proyecto del segundo hijo, pero, con frecuencia, sólo transcurren uno o dos años más hasta que se produce la ruptura. Minados por las insatisfacciones, las decepciones y los rencores, deciden renunciar.

    El hecho de que los tiempos actuales parezcan promover la disolución de las parejas «a la carta» no garantiza que estas vayan a encontrar la felicidad. Seguir una tendencia no ha sido nunca un criterio pertinente ni una garantía de éxito. De las parejas que se separan hoy en día de forma amistosa, es decir, sin que haya necesidad de grandes lamentos, ¿cuántas seguirán siendo «amigas» con el tiempo? En un intento de acelerar este proceso, ¿cuántas habrán alcanzado un «consenso» sin haber purgado antes los rencores y limpiado las heridas que tanto les hacían sufrir? Además, cada cónyuge deberá mantener de forma armoniosa sus vínculos con el niño, algo que es un verdadero desafío para las parejas que se separan. Teniendo en cuenta que una separación es un proceso nacido de la incomprensión entre dos personas, ¿no es una utopía suponer que podrán mostrarse conciliadoras sobre las cuestiones que afecten al bienestar del pequeño? ¿Cómo renunciar a la tentación de abusar de un poder sobre el otro cónyuge tomando al niño como rehén o, al menos, como aliado? En el momento de compartir la autoridad sobre el niño,¿cómo resistirse a dejar cerrado el gran libro de cuentas de la pareja? La exhortación a «entenderse» subyacente en las nuevas disposiciones resulta paradójica, pues se dirige a parejas que, en este momento concreto, están poniendo sobre la mesa las desavenencias surgidas entre ellos tras el nacimiento del niño. Además, la sentencia de divorcio no produce, por sí misma, una mejora en las relaciones entre ambos ex cónyuges. Por lo tanto, resulta conveniente tener en cuenta todo aquello que entrará en juego entre el hombre y la mujer cuando la pareja se convierta en un trío.

Nuestro enfoque, consiste en invitar al hombre y a la mujer a pensar como si fueran los dos miembros de una pareja y no dos individuos investidos de una función de padres. Recordando la sabiduría de ciertos proverbios, cometemos la osadía de formular el más simple: «La unión hace la fuerza». Ambos cónyuges tienen que recordar que «juegan en el mismo equipo» y no el uno contra el otro. Si ser padres se convierte en una profesión, la pareja puede acabar convirtiéndose en un *hobby* suplementario. La crianza conjunta de un hijo no es fácil, así que pueden surgir tensiones que pongan a la pareja en peligro. Sin embargo, criarlo cada uno por su lado no resulta más sencillo, puesto que el niño tendrá siempre el sentimiento inconsciente de haber sido el responsable de la separación de sus padres.

El nacimiento del niño pone a la pareja a prueba, pero el renacimiento de la pareja no pondrá al niño a prueba, sino que le confirmará que es, ante todo, la «prueba de su amor», del sentimiento que une a dos personas, a dos individuos que desarrollan juntos una relación en la que pueden desarrollarse conservando su personalidad y su originalidad.

En la misma colección
(Cuestiones de padres)

¡Padres, atreveos a decir «No»!
  Dr. Patrick DELAROCHE

¿Psicólogo o no psicólogo?
  Dr. Patrick DELAROCHE

Separémonos... pero protejamos a nuestros hijos
  Stéphane Clerget

Atreverse a ser madre en el hogar
  Marie-Pascale DELPLANCQ-NOBÉCOURT

Sectas y gurús
  Dominique BITON

www.ingramcontent.com/pod-product-compliance
Lightning Source LLC
Chambersburg PA
CBHW060834190426
43197CB00039B/2585